A BÍBLIA EM PEQUENOS GOLES

Dados Internacionais de Catalogação na Publicação (CIP)
(Câmara Brasileira do Livro, SP, Brasil)

Winter, David

A Bíblia em pequenos goles / David Winter ; tradução de Gentil A. Titton. – Petrópolis, RJ : Vozes, 2013.

Título original: The espresso Bible – the Bible in sips.

ISBN 978-85-326-4625-5

1. Bíblia – Comentários 2. Bíblia – Crítica e interpretação I. Título.

13.07057 CDD-220.7

Índices para catálogo sistemático:

1. Bíblia : Comentários 220.7

David Winter

A Bíblia em pequenos goles

Tradução de Gentil A. Titton

Editora Vozes

Petrópolis

Edição original inglesa publicada pela Lion Hudson plc,
Oxford, Inglaterra.

Título original inglês: *The Espresso Bible – The Bible in sips.*

Direitos de publicação em língua portuguesa – Brasil:
2013, Editora Vozes Ltda.
Rua Frei Luís, 100
25689-900 Petrópolis, RJ
Internet: http://www.vozes.com.br
Brasil

Diretor editorial
Frei Antônio Moser

Editores
Aline dos Santos Carneiro
José Maria da Silva
Lídio Peretti
Marilac Loraine Oleniki

Secretário executivo
João Batista Kreuch

Editoração: Fernando Sergio Olivetti da Rocha
Projeto gráfico: Sheilandre Desenv. Gráfico
Capa: WM design

ISBN 978-85-326-4625-5 (edição brasileira)
ISBN 978-0-7459-5288-8 (edição inglesa)

Editado conforme o novo acordo ortográfico.

Este livro foi composto e impresso pela Editora Vozes Ltda.

Sumário

Introdução

A Bíblia é um livro muito importante. Suponho que ninguém conteste isto. Ela moldou a civilização do mundo ocidental, permeou grande parte de sua literatura e serviu de inspiração para muitos de seus homens e mulheres mais ilustres. Ainda é vendida num grande número de versões em mais de quatro mil línguas diferentes. Mas, para muitas pessoas nos países "avançados", ela é hoje um território desconhecido, em parte, pelo menos, porque não impressiona imediatamente os leitores modernos como algo que fala sobre o mundo em que vivem.

Mesmo assim, muitas pessoas gostariam de conhecer o que se encontra dentro dessas capas tradicionais levemente intimidantes. Que tipo de livro é este, que exerceu tão profunda influência em nossa civilização? Qual o seu segredo? É realmente a palavra de Deus, uma mensagem do além para uma raça humana apanhada no tempo e no espaço? Tem ela ainda algo a dizer que seja tão relevante para as pessoas modernas em sua tecnologia como o foi obviamente para nossos ancestrais em suas tendas?

Aqui se oferece ao leitor a mensagem bíblica em seus textos mais significativos, aqueles que permitem conhecer a essência de toda a mensagem deste livro sagrado. Esta é A Bíblia em pequenos goles, *o cerne de sua história ou mensagem, oferecido ao leitor em fragmentos cuidadosamente escolhidos. A Bíblia tem uma "trama"; e cada leitura neste livro entra em algum lugar no desenrolar de sua história. Ela começa com uma tragédia – a raça humana (representada por um homem e uma mulher) decidindo que sabe mais do que seu Criador, com terríveis consequências. Conta como evolui o lento trajeto para a restauração: a vocação de um povo (os descendentes de Abraão) para ser o instrumento de bênção para o mundo inteiro; a decisão de dar-lhe a Lei, que estabelece os princípios da vida boa; as palavras de seus profetas, apontando para um tempo em que um grande libertador ou "salvador" seria enviado por Deus; e a vinda desse salvador, Jesus, e a história de sua vida, morte e ressurreição dos mortos. A última parte da história mostra seus seguidores em sua nova jornada como peregrinos, levando uma vida que os levará ao céu.*

Imagino que a consequência ideal da leitura deste livrinho seria o leitor apressar-se a ir comprar a Bíblia inteira e depois lê-la do princípio ao fim. Se o fizer, descobrirá que as pessoas que a Bíblia descreve e as coisas que elas dizem e fazem e com as quais se preocupam são extraordinariamente iguais a nós e às coisas que nós dizemos e fazemos e com as quais nos preocupamos no mundo tão diferente do século XXI. Na verdade, espero que esta pequena coletânea mostrará pelo menos que a Bíblia, embora indubitavelmente antiga, não é frágil e deteriorada. Ela pode ainda causar algum impacto.

Portanto, bem-vindos à Bíblia em pequenos goles!

Antigo Testamento

Gênesis

Começamos, evidentemente, com o primeiro livro da Bíblia, o Gênesis – o título significa simplesmente "Início". E o Gênesis, por sua vez, começa com o início de tudo: o relato bíblico da criação. Houve muitos relatos da criação no mundo antigo, mas qualquer pessoa que os ler terá que reconhecer que o relato bíblico, composto como uma espécie de longo poema, é incomparavelmente superior em quase todos os sentidos. Tem um tema claro – que tudo o que existe deve sua origem à mente e intenção de Deus. O processo seguiu uma ordem sistemática: no universo como tal vão aparecendo a luz, a água, a terra e depois, pela ordem, a vegetação, os peixes, os pássaros e os animais, e, finalmente, como coroação de tudo, os seres humanos, feitos "à imagem de Deus".

A história da criação é contada duas vezes: primeiro de um ponto de vista cósmico e, depois, de um ponto de vista humano, à medida que entramos no belo "jardim de delícias", o Éden. Ali, num relato destinado a mostrar como os dois sexos são complementares, a mulher é *criada para juntar-se ao homem – e depois, num relato bem diferente, com consequências trágicas e de longo prazo, eles decidem juntos que sabem mais do que Deus, desobedecem às suas instruções e são expulsos do jardim.*

Esta é a explicação que a Bíblia dá da existência do mal num mundo criado por um Deus bom. É contada na forma de uma *história, mas sua verdade profunda é que as pessoas não podem viver a vida boa se desprezarem as instruções do Criador!*

Gênesis 1,1–2,3

O relato da criação

No princípio Deus criou o céu e a terra. A terra estava deserta e vazia, as trevas cobriam o oceano e um vento impetuoso soprava sobre as águas.

O primeiro dia

Deus disse: "Faça-se a luz"! E a luz se fez. Deus viu que a luz era boa. Deus separou a luz das trevas. E à luz Deus chamou "dia", às trevas chamou "noite". Fez-se tarde e veio a manhã: o primeiro dia.

O segundo dia

Deus disse: "Faça-se um firmamento entre as águas, separando umas das outras". E Deus fez o firmamento. Separou as águas que estão debaixo do firmamento das águas que estão por cima dele. E assim se fez. Ao firmamento Deus chamou "céu". Fez-se tarde e veio a manhã: o segundo dia.

O terceiro dia

Deus disse: "Juntem-se as águas que estão debaixo do céu num só lugar e apareça o solo firme". E assim se fez. Ao solo firme Deus chamou "terra" e ao ajuntamento das águas, "mar". E Deus viu que era bom.

Deus disse: "A terra faça brotar vegetação: plantas, que deem semente, e árvores frutíferas, que deem fruto sobre a terra, tendo em si a semente de sua espécie". E assim se fez. A terra produziu vegetação: plantas, que dão a semente de sua espécie, e árvores, que dão fruto com a semente de sua espécie. E Deus viu que era bom. Fez-se tarde e veio a manhã: o terceiro dia.

O quarto dia

Deus disse: "Façam-se luzeiros no firmamento do céu para separar o dia da noite. Que sirvam de sinal para marcar as festas, os dias e os anos. E, como luzeiros no firmamento do céu, sirvam para iluminar a terra". E assim se fez. Deus fez os dois grandes luzeiros: o luzeiro maior para governar o dia e o luzeiro menor para governar a noite, e as estrelas. Deus os colocou no firmamento do céu para iluminar a terra, governar o dia e a noite e separar a luz das trevas. E Deus viu que era bom. Fez-se tarde e veio a manhã: o quarto dia.

O quinto dia

Deus disse: "Fervilhem as águas de seres vivos e voem aves sobre a terra no espaço debaixo do firmamento". Deus criou os grandes monstros marinhos e todos os seres vivos que nadam fervilhando nas águas, segundo as suas espécies, e todas as aves segundo suas espécies. E Deus viu que era bom. Deus os abençoou com as palavras: "Sede fecundos, multiplicai-vos e enchei as águas do mar, e multipliquem-se as aves sobre a terra". Fez-se tarde e veio a manhã: o quinto dia.

O sexto dia

Deus disse: "Produza a terra seres vivos segundo suas espécies, animais domésticos, répteis e animais selvagens segundo suas espécies". E assim se fez. Deus fez os animais selvagens segundo suas espécies, os animais domésticos segundo suas espécies e todos os répteis do solo segundo suas espécies. E Deus viu que era bom. Deus disse: "Façamos o ser humano à nossa imagem e segundo nossa semelhança, para que domine sobre os peixes do mar, as aves do céu, os animais domésticos, todos os animais selvagens e todos os répteis que rastejam sobre a terra".

Deus criou o ser humano à sua imagem, à imagem de Deus o criou, macho e fêmea ele os criou.

E Deus os abençoou e lhes disse: “Sede fecundos e multiplicai-vos, enchei a terra e submetei-a! Dominai sobre os peixes do mar, as aves do céu e tudo que vive e se move sobre a terra”.

Deus disse: “Eis que vos dou todas as plantas que produzem semente e que existem sobre toda a terra, e todas as árvores que produzem fruto com semente, para vos servirem de alimento. E a todos os animais da terra, a todas as aves do céu e a todos os seres vivos que rastejam sobre a terra, eu lhes dou todos os vegetais para alimento”. E assim se fez. E Deus viu tudo quanto havia feito e achou que era muito bom. Fez-se tarde e veio a manhã: o sexto dia.

Assim foram concluídos o céu e a terra com todo seu aparato. No sétimo dia Deus considerou acabada toda a obra que havia feito e descansou. Deus abençoou o sétimo dia e o santificou, porque neste dia Deus descansou de toda a obra da criação.

Gênesis 2,4-25

O jardim do Éden

No dia em que o SENHOR Deus fez a terra e o céu ainda não havia sobre a terra nenhum arbusto do campo e a vegetação ainda não tinha brotado, porque o SENHOR Deus ainda não tinha feito chover sobre a terra, nem havia ninguém para cultivar o solo. Mas um vapor subia da terra e umedecia toda a superfície do solo. Então o SENHOR Deus formou o ser humano do pó da terra, soprou-lhe nas narinas o sopro da vida e ele tornou-se um ser vivo.

Depois, o SENHOR Deus plantou um jardim em Éden, ao oriente, e ali pôs o ser humano que havia formado. E o SENHOR Deus fez brotar da terra toda sorte de árvores de aspecto atraente e saborosas ao paladar, a árvore da vida no meio do jardim e a árvore do conhecimento do bem e do mal.

Do Éden nascia um rio que irrigava o jardim e de lá se dividia em quatro braços. O primeiro chamava-se Fison; ele banha todo o país de Hévila, onde se encontra o ouro, um ouro muito puro. Lá também se encontra o bdélio e a pedra de ônix. O nome do segundo rio é Geon, o rio que banha todo o país de Cuch. O nome do terceiro rio é Tigre. Corre ao oriente da Assíria. E o quarto rio é o Eufrates.

O SENHOR Deus tomou o ser humano e o colocou no jardim do Éden, para que o cultivasse e guardasse. O SENHOR Deus deu-lhe uma ordem, dizendo: "Podes comer de todas as árvores do jardim. Mas da árvore do conhecimento do bem e do mal não deves comer, porque no dia em que o fizeres serás condenado a morrer".

E o SENHOR Deus disse: "Não é bom que o ser humano esteja só. Vou fazer-lhe uma auxiliar que lhe corresponda". Então o SENHOR Deus formou da terra todos os animais selvagens e todas as aves do céu, e os trouxe ao ser humano para ver como os chamaria; cada ser vivo teria o nome que o ser humano lhe desse. E o ser humano deu nomes a todos os animais domésticos, às aves do céu e a todos os animais selvagens. Mas não havia para o ser humano uma auxiliar que lhe correspondesse. Então o SENHOR Deus fez cair um sono profundo sobre o ser humano e ele adormeceu. Tirou-lhe uma das costelas e fechou o lugar com carne. Depois, da costela tirada do ser humano, o SENHOR Deus formou a mulher e apresentou-a ao ser humano. E o ser humano exclamou: "Desta vez sim, é osso dos meus ossos e carne da minha carne! Ela será chamada 'mulher' porque foi tirada do homem".

Por isso deixará o homem o pai e a mãe e se unirá à sua mulher e se tornarão uma só carne.

Tanto o homem como a mulher estavam nus, mas não se envergonhavam.

Gênesis 3

O primeiro pecado

A serpente era o mais esperto de todos os animais selvagens que o SENHOR Deus tinha feito. Ela disse à mulher: "É verdade que Deus disse 'não comais de nenhuma das árvores do jardim'?" E a mulher respondeu à serpente: "Nós podemos comer do fruto das árvores do jardim. Mas do fruto da árvore, que está no meio do jardim, Deus nos disse 'não comais dele nem sequer o toqueis, do contrário morrereis'". A serpente respondeu à mulher: "De modo algum morrereis. Pelo contrário, Deus sabe que, no dia em que dele comerdes, vossos olhos se abrirão e sereis como deuses, conhecedores do bem e do mal".

A mulher notou que era tentador comer da árvore, pois era atraente aos olhos e desejável para se alcançar inteligência. Colheu o fruto, comeu e deu também ao marido, que estava junto, e ele comeu. Então os olhos dos dois se abriram; e, vendo que estavam nus, teceram para si tangas com folhas de figueira. Quando ouviram o ruído do SENHOR Deus, que passeava pelo jardim à brisa da tarde, o homem e a mulher esconderam-se do SENHOR Deus no meio das árvores do jardim.

A desordem do pecado

Mas o SENHOR Deus chamou o homem e perguntou: "Onde estás?" E este respondeu: "Ouvi teus passos no jardim. Fiquei com medo porque estava nu, e me escondi". Deus perguntou: "E quem te disse que estavas nu? Então comeste da árvore, de cujo fruto te proibi comer?" O homem respondeu: "A mulher que me deste por companheira, foi ela que me fez provar do fruto da árvore, e eu comi". Então o SENHOR Deus perguntou à mulher: "Por que fizeste isso?" E a mulher respondeu: "A serpente me enganou e eu comi".

E o SENHOR Deus disse à serpente: "Porque fizeste isso serás maldita entre todos os animais domésticos e entre todos os animais selvagens. Rastejarás sobre o ventre e comerás pó todos os dias da vida. Porei inimizade entre ti e a mulher, entre a tua descendência e os descendentes dela. Eles te ferirão a cabeça, e tu lhes ferirás o calcanhar".

Para a mulher ele disse: "Multiplicarei os sofrimentos de tua gravidez. Entre dores darás à luz os filhos. A paixão te arrastará para o teu marido, e ele te dominará".

Para o homem ele disse: "Porque ouviste a voz da tua mulher e comeste da árvore de cujo fruto te proibi comer, a terra será amaldiçoada por tua causa. Com fadiga tirarás dela o alimento durante toda a tua vida. Ela produzirá para ti espinhos e ervas daninhas, e tu comerás das ervas do campo. Comerás o pão com o suor do teu rosto, até voltares à terra donde foste tirado. Pois tu és pó e ao pó hás de voltar".

O homem chamou à sua mulher "Eva", porque ela se tornou a mãe de todos os viventes. E o SENHOR Deus fez para Adão e sua mulher túnicas de pele e os vestiu.

E o SENHOR Deus disse: "Eis que o ser humano tornou-se como um de nós, capaz de conhecer o bem e o mal. Não vá agora estender a mão também à árvore da vida para comer dela e viver para sempre". E o SENHOR Deus o expulsou do jardim do Éden, a fim de cultivar o solo de que fora tirado. Tendo expulso o ser humano, colocou a oriente do jardim do Éden os querubins com o cintilar da espada fulgurante, para guardar o caminho da árvore da vida.

As consequências do pecado

A desobediência de Adão e Eva é conhecida como "a Queda", porque eles decaíram da bela inocência da vida que desfrutavam no Éden. A parte seguinte do Gênesis começa a expor algumas das consequências da queda – o primeiro homicídio (cometido por Caim contra seu irmão Abel) e, depois, algumas perversidades nefandas envolvendo os "filhos de Deus" que tomavam como mulheres as "filhas dos homens". Seja como for, Deus decidiu que chegara o tempo de eliminar todo este mal e recomeçar – mas salvar uma família, a de Noé, a fim de proporcionar a base para uma nova raça humana, junto com animais representativos para repovoar a terra. Esta é a história do dilúvio, o dilúvio de Noé, como é conhecido – embora, na verdade, fosse o dilúvio de Deus.

A arca de Noé

O SENHOR viu o quanto havia crescido a maldade das pessoas na terra e como todos os projetos de seus corações tendiam unicamente para o mal. Então o SENHOR arrependeu-se de ter feito os seres humanos na terra e ficou com o coração magoado. E o SENHOR disse: "Vou exterminar da face da terra essa gente que criei e com ela os animais, os répteis e até as aves do céu, pois estou arrependido de tê-los feito".

Mas Noé encontrou graça aos olhos do SENHOR.

Esta é a história de Noé: Noé era homem justo e íntegro entre os contemporâneos e sempre andava com Deus. Gerou três filhos: Sem, Cam e Jafé. Mas a terra estava corrompida diante de Deus e cheia de violência. E Deus viu que tudo na terra era corrupção. Toda criatura mortal havia corrompido sua conduta na terra.

Então Deus disse a Noé: "Decidi pôr fim a toda criatura mortal, pois a terra está cheia de violência por sua causa. Vou exterminá-las com a terra. Constrói para ti uma arca de madeira resinosa, divide-a em compartimentos e calafeta-a com piche por dentro e por fora. A arca terá as seguintes dimensões: cento e cinquenta metros de comprimento, vinte e cinco de largura e quinze de altura. No alto da arca farás, como arremate, uma claraboia de meio metro. No lado da arca abrirás uma porta e farás na arca um primeiro, um segundo e um terceiro andar. Quanto a mim, vou mandar um dilúvio sobre a terra a fim de exterminar todos os mortais que respiram debaixo do céu. Tudo que existe na terra perecerá. Contigo, porém, estabelecerei minha aliança: entrarás na arca com teus filhos, tua mulher e as mulheres de teus filhos. E de cada ser vivo, de tudo que é mortal, farás entrar contigo na arca dois de cada espécie, um macho e uma fêmea, para conservá-los vivos. De cada espécie de ave, de cada espécie de animal doméstico, de cada espécie de réptil virá a ti um casal para os conservares vivos. Quanto a ti, recolhe e leva contigo todo tipo de alimento para servir de comida a ti e para eles". E Noé fez tudo conforme Deus lhe tinha ordenado.

Gênesis 7,1-24

O dilúvio

O SENHOR disse a Noé: "Entra na arca com toda a família. Tu és o único homem justo que encontrei nesta geração. De todos os animais puros toma sete casais, o macho com a fêmea, e dos animais impuros, um casal, o macho com a fêmea. Também das aves do céu levarás sete casais, o macho com a fêmea, para que suas espécies se conservem vivas sobre a face da terra. Pois dentro de sete dias farei chover sobre a terra durante quarenta dias e quarenta noites. Exterminarei da face da terra todos os seres vivos que fiz". Noé fez tudo o que Deus lhe havia mandado.

Noé tinha seiscentos anos quando as águas do dilúvio inundaram a terra. Noé entrou na arca com os filhos, a mulher e as mulheres dos filhos, escapando das águas do dilúvio. Tanto dos animais puros como dos impuros, das aves e de todos os répteis, entrou na arca com Noé sempre um casal, o macho com a fêmea, conforme Deus havia ordenado a Noé.

Passados sete dias, as águas do dilúvio cobriram a terra. Noé tinha seiscentos anos, um mês e dezessete dias de idade quando rebentaram todas as fontes do oceano e se abriram as cataratas do céu. Choveu sobre a terra durante quarenta dias e quarenta noites. Nesse mesmo dia entraram na arca Noé e os filhos Sem, Cam e Jafé, a mulher dele e as três mulheres de seus filhos. Além deles, entraram animais selvagens segundo sua espécie, animais domésticos segundo sua espécie, répteis que se arrastam pela terra segundo sua espécie, todas as aves segundo sua espécie, e todos os pássaros que voam. Vieram até Noé para a arca, dois a dois, representando todas as criaturas capazes de respirar. De todas as espécies de criaturas entraram machos e fêmeas, como Deus lhe havia mandado. E o SENHOR fechou atrás dele a porta da arca.

Durante quarenta dias o dilúvio veio sobre a terra. As águas subiram e ergueram a arca, que se elevou acima da terra. As águas cresceram e aumentaram muito sobre a terra, de modo que a arca começou a flutuar na superfície das águas. As águas cresceram tanto sobre a terra que cobriram as montanhas mais altas que estão debaixo do céu. As águas subiram sete metros e meio acima das montanhas. Pereceram todas as criaturas que se moviam na terra, tanto aves como animais domésticos e selvagens; enfim, todos os seres que fervilham sobre a terra, e todos os seres humanos. Morreu tudo que respirava pelo nariz e vivia em terra firme. Assim foram exterminados todos os seres que havia na face da terra. Tanto os seres humanos como animais, répteis e aves do céu foram exterminados da terra. Restaram apenas Noé e os que estavam com ele na arca. As águas dominaram sobre a terra durante cento e cinquenta dias.

Gênesis 8,1-19

A água desce

Então Deus se lembrou de Noé e de todos os animais selvagens e domésticos que estavam com ele na arca. Fez soprar um vento sobre a terra, e as águas começaram a baixar. Fecharam-se as fontes do Oceano e as comportas do céu, e a chuva deixou de cair. Pouco a pouco as águas foram se retirando da terra. Começaram a diminuir ao término de cento e cinquenta dias. No dia dezessete do sétimo mês, a arca pousou sobre os montes de Ararat. As águas continuaram se retirando até o décimo mês. E no primeiro dia deste mês apareceram os cumes dos montes. Passados mais quarenta dias, Noé abriu a janela que havia feito na arca e soltou um corvo que ficou revoando enquanto secavam as águas sobre a terra. Depois soltou uma pomba para ver se as águas já haviam secado sobre a terra. Mas a pomba não achou onde pousar e voltou para a arca. É que as águas ainda cobriam toda a superfície da terra. Ele estendeu a mão para fora, apanhou a pomba e recolheu-a na arca. Depois esperou mais sete dias e tornou a soltar a pomba. Pela tardinha a pomba voltou trazendo uma folha de oliveira que tinha arrancado com o bico. Assim Noé ficou sabendo que as águas tinham baixado sobre a terra. Esperou outros sete dias e soltou a pomba, e ela não voltou mais.

Foi no ano seiscentos e um da vida de Noé, no primeiro mês, no dia primeiro do mês, que as águas tinham secado sobre a terra. Noé abriu o teto da arca, olhou e viu que a superfície do solo estava enxuta. Foi no dia vinte e sete do segundo mês que a terra ficou seca.

Então Deus falou a Noé: "Sai da arca com tua mulher, teus filhos e as mulheres de teus filhos.

Traze para fora também todas as espécies de animais que estão contigo, aves, animais domésticos e répteis, para que se propaguem pela terra, sejam fecundos e se multipliquem sobre a terra". Saiu, pois, Noé da arca com os filhos, a mulher e as mulheres dos filhos. Saíram também todos os animais selvagens e domésticos, todas as aves e todos os répteis que se arrastam sobre a terra, segundo as espécies.

Gênesis 8,20-22

A promessa do Senhor para a Terra

Então Noé construiu um altar para o SENHOR, tomou animais e aves de todas as espécies puras e ofereceu holocaustos sobre o altar. O SENHOR aspirou o suave odor e disse consigo mesmo: "Nunca mais tornarei a amaldiçoar a terra por causa do gênero humano, pois a tendência do coração humano é má desde a infância. Nunca mais tornarei a castigar todos os seres vivos como acabei de fazer.

Enquanto a terra durar, semeadura e colheita, frio e calor, verão e inverno, dia e noite jamais hão de acabar".

Abraão

O seguinte grande acontecimento da Bíblia é, sem dúvida, a decisão tomada por um chefe do deserto, originalmente chamado Abrão: deixar seu lar em Ur, uma antiga cidade da Caldeia, e partir para o Ocidente. Ele o fez movido pelo que considerou a ordem de um Deus que ele mal conhecia, mas a ordem foi tão enérgica que ele obedeceu – com consequências que moldaram a história religiosa da raça humana. Dessa única decisão nasceram três grandes religiões mundiais – o judaísmo, a religião dos judeus, os descendentes de Abrão; o cristianismo, baseado na fé em Jesus de Nazaré, outro descendente de Abrão e, como acreditam seus seguidores, a "semente" a ele prometida; e o Islã, que também toma Abrão como ponto de partida de sua fé.

Abrão partiu em direção ao Ocidente e teve um encontro com Deus que mudou sua vida. Posteriormente seu nome foi mudado para "Abraão", e foi-lhe feita a promessa de que, através de sua "semente" – seus descendentes –, todos as nações da terra seriam um dia abençoadas. Nossa leitura conta a história do primeiro chamado e do primeiro encontro de Abraão com o Deus vivo.

Gênesis 12,1-7

O Senhor escolhe Abrão

O SENHOR disse a Abrão: "Sai de tua terra, do meio de teus parentes, da casa de teu pai e vai para a terra que te mostrarei. Farei de ti uma grande nação e te abençoarei, engrandecendo teu nome, de modo que se torne uma bênção. Abençoarei os que te abençoarem e amaldiçoarei os que te amaldiçoarem. Com teu nome serão abençoadas todas as famílias da terra".

Abrão partiu como o SENHOR lhe havia dito, e Ló foi com ele. Ao sair de Harã, Abrão tinha setenta e cinco anos. Levando consigo sua mulher Sarai, o sobrinho Ló e todos os bens que possuíam, além dos escravos que haviam adquirido em Harã, Abrão partiu rumo à terra de Canaã, aonde chegaram. Abrão atravessou o país até o lugar santo de Siquém, até o carvalho de Moré. Naquele tempo, os cananeus viviam no país.

O SENHOR apareceu a Abrão e lhe disse: "À tua descendência eu darei esta terra". Abrão construiu ali um altar ao Senhor, que lhe tinha aparecido.

Êxodo

É o livro da grande fuga ou evasão, um acontecimento ainda comemorado, ano após ano, pelos judeus em sua Páscoa. Muito tempo após os dias de Abraão, seus descendentes terminaram como escravos no Egito. José chegou ao Egito como escravo, mas terminou num posto inferior apenas ao faraó. Mas, após a morte de José, sua contribuição foi esquecida e sua tribo, agora fixada no Egito, foi escravizada, posta a construir tesourarias e palácios sob capatazes cruéis. Moisés – através de várias peripécias – fora trazido para o palácio real, embora tivesse sido ensinado a crer no Deus de seus ancestrais hebreus. Agora, porém, havia fugido para a região desértica de Madiã, onde se tornou membro da família de um sacerdote madianita, chamado Jetro. Estava ele um dia nas montanhas com as ovelhas de Jetro quando ocorreu o seguinte episódio.

Êxodo 3,1-10

Deus fala a Moisés

Moisés era pastor das ovelhas de Jetro, seu sogro, sacerdote de Madiã. Levou um dia as ovelhas deserto adentro e chegou ao monte de Deus, o Horeb. Apareceu-lhe o anjo do SENHOR numa chama de fogo no meio de uma sarça. Moisés notou que a sarça ardia, mas não se consumia, e pensou: "Vou aproximar-me para ver este maravilhoso fenômeno: como é que a sarça não para de queimar". O SENHOR viu que Moisés se aproximava para observar e Deus o chamou do meio da sarça: "Moisés! Moisés!" Ele respondeu: "Aqui estou!" Deus lhe disse: "Não te aproximes daqui! Tira as sandálias dos pés, pois o lugar onde estás é chão sagrado". E acrescentou: "Eu sou o Deus de teu pai, o Deus de Abraão, o Deus de Isaac, o Deus de Jacó". Moisés cobriu o rosto, pois temia olhar para Deus.

O SENHOR lhe disse: "Eu vi a opressão de meu povo no Egito, ouvi os gritos de aflição diante dos opressores e tomei conhecimento de seus sofrimentos. Desci para libertá-los das mãos dos egípcios e fazê-los sair desse país para uma terra boa e espaçosa, uma terra onde corre leite e mel, para a região dos cananeus e dos hititas, dos amorreus e dos ferezeus, dos heveus e dos jebuseus. O clamor dos israelitas chegou até mim. Eu vi a opressão que os egípcios fazem pesar sobre eles. E agora vai, que eu te envio ao faraó para que libertes meu povo, os israelitas, do Egito".

A fuga do Egito

Moisés, embora relutantemente, fez o que Deus lhe ordenou e retornou ao Egito com seu irmão Aarão. Com o forte apoio das dez pragas enviadas por Deus sobre o Egito, eles persuadiram finalmente o faraó a permitir que os hebreus (os "israelitas") deixassem seu país. Na última e decisiva noite passada no Egito – a noite da última e mortal praga que matou todos os primogênitos dos egípcios – os israelitas compartilharam a "refeição da Páscoa", que garantiria sua proteção através do sacrifício de um cordeiro, cujo sangue devia ser espargido nas ombreiras das portas de cada casa. Então eles saíram, formando uma grande multidão, que se dirigiu em direção ao mar Vermelho, liderada por Moisés – rapidamente seguida pelos carros de guerra do Egito, enviados pelo faraó, que novamente mudara de opinião e pretendia trazer seus escravos de volta para o Egito.

Quando os israelitas chegaram ao mar, pararam, e perceberam que, ao longe, estavam os carros de guerra do Egito, vindos na direção deles. Clamaram a Moisés e Moisés clamou a Deus.

Êxodo 14,15-31

Cruzando o mar Vermelho

O SENHOR disse a Moisés: "Por que clamas a mim por socorro? Dize aos israelitas que se ponham em marcha. Quanto a ti, ergue tua vara, estende a mão sobre o mar e divide-o, para que os israelitas passem em seco pelo meio do mar. De minha parte, endurecerei o coração dos egípcios para que os persigam, e eu seja glorificado às custas do faraó e de todo seu exército, seus carros e cavaleiros. Os egípcios saberão que eu sou o SENHOR, quando eu for glorificado às custas do faraó, de seus carros e cavaleiros".

Então o anjo de Deus, que ia na vanguarda das tropas de Israel, foi para a retaguarda. A coluna de nuvens que estava na frente postou-se atrás, colocando-se entre o acampamento dos egípcios e o de Israel. Para uns a nuvem era tenebrosa, para outros iluminava a noite, de modo que durante a noite inteira uns não podiam ver os outros.

Moisés estendeu a mão sobre o mar, e durante a noite inteira o SENHOR fez soprar sobre o mar um vento oriental muito forte, fazendo recuar o mar e transformando-o em terra seca. As águas se dividiram, e os israelitas entraram pelo meio do mar em seco, enquanto as águas formavam uma muralha à direita e outra à esquerda deles. Os egípcios puseram-se a persegui-los, e todos os cavalos do faraó, carros e cavaleiros os seguiram mar adentro.

Na vigília da manhã, de cima da coluna de fogo e de nuvem, o SENHOR lançou um olhar sobre as tropas egípcias e as pôs em pânico. Emperrou as rodas dos carros, de modo que só a muito custo podiam avançar. Então os egípcios disseram: "Vamos fugir de Israel, pois o SENHOR combate a favor deles e contra os egípcios".

Mas o SENHOR disse a Moisés: "Estende a mão sobre o mar, e as águas se voltarão contra os egípcios, seus carros e cavaleiros". Moisés estendeu a mão sobre o mar e, ao romper da manhã, o mar voltou ao estado normal, enquanto os egípcios em fuga lhe corriam ao encontro. Assim o SENHOR arrojou os egípcios no meio do mar. As águas voltaram e cobriram carros, cavaleiros e todo o exército do faraó que tinha entrado no mar em perseguição a Israel. Não escapou um só. Os israelitas, ao contrário, tinham passado em seco pelo meio do mar, enquanto as águas formavam uma muralha à direita e outra à esquerda deles. Naquele dia o SENHOR salvou Israel da mão dos egípcios, e Israel viu os egípcios mortos nas praias do mar. Israel viu a mão poderosa do SENHOR agir contra o Egito. O povo temeu ao SENHOR e teve fé no SENHOR e em Moisés, seu servo.

Alimento no deserto

Quando os israelitas – guiados por Moisés, um homem de eminente coragem e liderança, mas que diversas vezes cometeu sérios erros de julgamento – puseram-se a percorrer as diversas centenas de milhas de deserto que os separavam de sua "Terra prometida", devem ter-se dado conta de que tanto a água como o alimento seriam problemas constantes. Diversas vezes Deus os conduziu a várias fontes de água em nascentes no deserto, mas o alimento era fornecido de maneira mais "miraculosa" na forma de "maná". O povo queixara-se a Moisés de que ele os levara para o deserto simplesmente para deixá-los morrer ali de fome. Ele, por sua vez, procurou a ajuda de Deus – e o Senhor lhe disse que iria "fazer cair em abundância" comida do céu para o povo! Aqui está o que aconteceu naquela noite e na manhã seguinte.

Êxodo 16,13-18

Maná – e algo mais!

De tarde veio realmente um bando de codornas que cobriu o acampamento; e pela manhã formou-se uma camada de orvalho ao redor do acampamento. Quando o orvalho evaporou, apareceram na superfície do deserto pequenos flocos, como cristais de gelo sobre a terra. Ao verem isso, os israelitas perguntavam uns aos outros: "O que é isso?", pois não sabiam o que era. Moisés lhes disse: "Esse é o pão que o SENHOR vos dá para comer. Eis o que o SENHOR vos mandou: Recolhei a quantia que cada um de vós necessita para comer, quatro litros e meio por pessoa, de acordo com o número de pessoas; cada um recolherá para os que moram em sua tenda".

Assim fizeram os israelitas. Uns recolheram mais, outros menos. Mas depois, ao medirem as quantias, não sobrava a quem tinha recolhido mais, nem faltava a quem tinha recolhido menos. Cada um recolhia o que necessitava para comer.

O Sinai

Finalmente os israelitas chegaram ao monte Sinai. Aqui Moisés recebeu de Deus a ordem de subir a montanha para encontrar-se com ele; e foi ali, no cume da montanha, que Moisés recebeu os sagrados Dez Mandamentos, o cerne da Lei moral e ética de Israel – e, na verdade, de muitas civilizações subsequentes, inclusive as do cristianismo. Todo o acontecimento foi cercado de mistério e temor – trovões e raios e até um terremoto, de modo que o povo que aguardava nervosamente ao pé da montanha perguntava-se o que estava acontecendo. Com efeito, enquanto Moisés estava na montanha (um longo tempo, os proverbiais "quarenta dias"), os israelitas acabaram chegando à conclusão de que ele não voltaria e convenceram Aarão a deixá-los fabricar um bezerro de ouro para adorar – uma direta violação, evidentemente, do segundo dos Mandamentos.

Ambos estes acontecimentos – a doação da Lei e a desobediência do povo – tiveram consequências de longo prazo para a história de Israel.

Êxodo 20,1-21

Os Dez Mandamentos

Deus pronunciou todas as palavras que seguem:

"Eu sou o SENHOR teu Deus, que te libertou do Egito, lugar de escravidão.

Não terás outros deuses além de mim.

Não farás para ti ídolos, nem figura alguma do que existe em cima, nos céus, nem embaixo, na terra, nem do que existe nas águas, debaixo da terra.

Não te prostrarás diante deles, nem lhes prestarás culto, pois eu sou o SENHOR teu Deus, um Deus ciumento. Castigo a culpa dos pais nos filhos até a terceira e quarta geração dos que me odeiam, mas uso de misericórdia por mil gerações para com os que me amam e guardam meus mandamentos.

Não pronunciarás o nome do SENHOR teu Deus em vão, porque o SENHOR não deixará impune quem pronunciar seu nome em vão.

Lembra-te de santificar o dia do sábado. Trabalharás durante seis dias e farás todos os trabalhos, mas o sétimo dia é sábado dedicado ao SENHOR teu Deus. Não farás trabalho algum, nem tu, nem teu filho, nem tua filha, nem teu escravo, nem tua escrava, nem teu gado, nem o estrangeiro que vive em tuas cidades. Pois em seis dias o SENHOR fez o céu e a terra, o mar e tudo que neles há, mas no sétimo dia descansou. Por isso o SENHOR abençoou o dia do sábado e o santificou.

Honra teu pai e tua mãe, para que vivas longos anos na terra que o SENHOR teu Deus te dá.

Não matarás.

Não cometerás adultério.

Não furtarás.

Não darás falso testemunho contra o próximo.

Não cobiçarás a casa do próximo, nem sua mulher, nem o escravo, nem a escrava, nem o boi, nem o jumento, nem coisa alguma do que lhe pertence".

O povo fica com medo

O povo todo presenciou os trovões, os relâmpagos, o som da trombeta e a montanha fumegando. À vista disso, o povo permaneceu ao longe, tremendo de pavor. Disseram a Moisés: "Fala-nos tu, e te escutaremos. Mas que não nos fale Deus, do contrário morreremos". Moisés respondeu: "Não temais, pois Deus veio para vos provar, para que tenhais sempre presente o temor de Deus e não pequeis". O povo manteve-se a distância, enquanto Moisés aproximou-se da nuvem onde Deus estava.

Deuteronômio

As últimas palavras de Moisés

Moisés é indiscutivelmente um dos maiores personagens da Bíblia e sua influência na história do povo judaico e de sua religião foi imensa. As passagens que apresentamos contêm suas palavras finais ao povo e foram provavelmente incluídas por editores e compiladores subsequentes porque serviriam como constante advertência dos perigos do compromisso religioso para um povo cercado de nações pagãs, que em sua maioria adoravam uma série de ídolos e se entregavam a práticas como os sacrifícios humanos. Faz-se aqui, também, uma lembrança da brutalidade que acompanhou a conquista de Canaã. Contudo, a principal preocupação de Moisés foi que a Lei dada no Sinai fosse venerada não só na arca, mas também no coração das pessoas.

Moisés foi sucedido por seu "lugar-tenente", Josué – o nome significa "salvador" –, que levaria o povo através do rio Jordão para a Terra Prometida.

Deuteronômio 31,1-12

Sê forte e corajoso!

Moisés prosseguiu dirigindo a todo Israel as seguintes palavras: "Tenho hoje cento e vinte anos e sinto dificuldade de movimentar-me. Além do mais, o SENHOR me disse que eu não atravessaria o rio Jordão. É o SENHOR teu Deus que te precederá, destruindo à tua vista todas essas nações para que ocupes suas terras. Josué será o teu guia, como disse o SENHOR. Quando o SENHOR fizer com eles, como fez com Seon e Og, reis dos amorreus, e com suas terras, destruindo-os e entregando-os a vós, procedereis com eles exatamente como vos ordenei. Sede fortes e corajosos! Não vos intimideis nem tenhais medo deles! Pois o SENHOR teu Deus que vai contigo não te deixará nem te abandonará".

Depois Moisés chamou Josué e lhe disse diante de todo Israel: "Sê forte e corajoso, pois tu farás entrar este povo na terra que o SENHOR jurou dar a seus pais. És tu que lhes darás como posse esta terra. O próprio SENHOR marchará à tua frente, estará contigo e não te deixará nem te abandonará. Por isso não deverás temer nem te acovardar".

Moisés escreveu esta lei e a entregou aos sacerdotes levíticos, que carregam a arca da aliança do SENHOR, e a todos os anciãos de Israel. Moisés deu-lhes esta ordem: "No fim de cada sete anos, ao chegar o ano da remissão, na festa das Tendas, quando todo Israel vier apresentar-se diante do SENHOR teu Deus, no lugar que ele tiver escolhido, lereis esta Lei diante de todo Israel para que a ouçam. Reunireis o povo, homens, mulheres e crianças e todos os estrangeiros que se acharem nas cidades, para que ouçam e aprendam a temer o SENHOR vosso Deus e estejam sempre atentos a cumprir todas as palavras desta Lei.

Deuteronômio 31,14-15.23-28

Josué é nomeado líder

Então o SENHOR disse a Moisés: "O dia de tua morte está próximo. Chama Josué e apresentai-vos na tenda de reunião para que eu lhe dê minhas ordens". Foram, pois, Moisés e Josué apresentar-se na tenda de reunião. E o SENHOR apareceu na tenda numa coluna de nuvem que se pôs à entrada da tenda.

E o SENHOR ordenou a Josué filho de Nun: "Sê forte e corajoso! Pois tu introduzirás os israelitas na terra que lhes prometi. Eu estarei contigo".

Quando Moisés acabou de escrever as palavras desta Lei até o fim, deu a seguinte ordem aos levitas encarregados de levar a arca da aliança: "Tomai este livro da Lei e colocai-o junto da arca da aliança do SENHOR vosso Deus, para ficar lá como testemunho contra ti. Pois eu conheço tua rebeldia e obstinação. Mesmo hoje, quando ainda estou convosco, sois rebeldes ao SENHOR, quanto mais depois que eu morrer. Reuni todos os anciãos de vossas tribos e vossos magistrados, para fazê-los ouvir estas palavras, invocando por testemunhas os céus e a terra.

Josué

Josué conduziu, como era esperado, os israelitas até à margem do rio Jordão, prontos para atravessar e entrar em Canaã. Era primavera e o rio estava cheio; mas, logo que os sacerdotes que carregavam a arca da Aliança entraram na água, o rio secou completamente e todo o povo pôde atravessar. Esta foi, então, a segunda travessia de "terra seca" em sua longa jornada – tendo a arca do Senhor como "ponte".

Josué 3,1-17

Israel cruza o rio Jordão

Josué levantou-se de madrugada e partiu de Setim, junto com todos os israelitas. Chegaram ao rio Jordão e ali pernoitaram, antes de atravessar. Ao cabo de três dias, os chefes de turma passaram pelo acampamento dando esta ordem ao povo: “Quando virdes a arca da aliança do SENHOR vosso Deus e os sacerdotes levíticos que a levam, deixareis o lugar em que estais e a seguireis. Todavia, que haja uma distância de uns mil metros entre vós e ela; não vos aproximeis dela. Assim sabereis qual o caminho que devereis seguir, uma vez que nunca passastes por este caminho”.

Josué disse ao povo: “Purificai-vos, porque amanhã o SENHOR realizará maravilhas em vosso meio”. Aos sacerdotes Josué ordenou: “Levai a arca da aliança e passai à frente do povo”. Levaram então a arca e passaram à frente do povo.

O SENHOR disse a Josué: “Hoje começarei a enaltecer-te aos olhos de todo Israel, para que saibam que estou contigo assim como estive com Moisés. Quanto a ti, ordena aos sacerdotes que levam a arca da aliança: ‘Ao chegardes à beira da água do rio Jordão, ficai parados aí’”.

Josué disse então aos israelitas: “Aproximai-vos daqui para ouvir as palavras do SENHOR vosso Deus”. E continuou: “Nisto sabereis que o Deus vivo está em vosso meio e que ele expulsará definitivamente da vossa presença os cananeus, os hititas, os heveus, os ferezeus, os gergeseus, os amorreus e os jebuseus. Eis que a arca da aliança do Senhor de toda a terra vai atravessar o rio Jordão na vossa frente. Agora, pois, tomai doze homens das tribos de Israel, um de cada tribo. Quando a sola dos pés dos sacerdotes que levam a arca do SENHOR, o Senhor de toda a terra, pousar nas águas do rio Jordão, as águas serão cortadas: as águas que descem de cima ficarão represadas".

Quando o povo deixou as tendas para atravessar o rio Jordão, os sacerdotes que levavam a arca da aliança vinham na frente do povo; e quando os que levavam a arca chegaram ao Jordão e os pés dos sacerdotes que levavam a arca se molharam na beira da água (pois o Jordão transborda sobre as margens durante o tempo da ceifa), a água que vinha de cima parou e ficou represada até bem longe, até Adam, cidade que está ao lado de Sartã, e as que desciam ao mar de Arabá, o mar Morto, ficaram inteiramente cortadas, e o povo atravessou diante de Jericó. Os sacerdotes que levavam a arca da aliança do SENHOR se postaram imóveis no leito seco, no meio do Jordão, enquanto todo Israel passava a pé enxuto, até que toda a nação acabou de passar o Jordão.

1Samuel

Embora este livro traga o nome de Samuel, é na verdade um relato do que aconteceu em Israel no período em que Samuel foi o "profeta" do Senhor – seu representante espiritual e porta-voz. Os mais importantes entre estes acontecimentos foram o pedido público de uma monarquia, o desastroso reinado do primeiro rei, Saul, e a unção, por parte de Samuel, do sucessor escolhido, Davi – na época, um jovem pastor de Belém. Mas este conquistou subitamente a fama com um incidente dramático, quando o campeão filisteu Golias, um homem enorme, debochou do exército de Israel à procura de um oponente para si.

1Samuel 17,17-51

Davi e Golias

Um dia Jessé disse ao filho Davi: "Toma três arrobas deste grão torrado e estes dez pães e leva-os depressa ao acampamento para teus irmãos. Estas dez peças de queijo tu as levarás ao comandante. Informa-te como estão passando teus irmãos e traze uma prova de que estão vivos". Eles estavam com Saul e com todos os israelitas, em guerra contra os filisteus no vale do Terebinto.

Davi madrugou, deixou o rebanho aos cuidados de um vigia, apanhou a carga e se pôs a caminho, como Jessé lhe tinha ordenado. Quando chegou ao acampamento, o exército estava saindo para ocupar as posições e lançavam o grito de guerra. Os israelitas e os filisteus se puseram em ordem de batalha, uns frente aos outros. Então Davi entregou a bagagem aos cuidados do bagageiro e correu para a frente de batalha. Quando chegou, perguntou como iam seus irmãos. Estava ainda conversando com eles, quando o enorme guerreiro – o filisteu chamado Golias de Gat – se destacou das fileiras dos filisteus, falando como de costume, de modo que Davi podia ouvi-lo. [...]

Então Davi perguntou aos homens que estavam com ele: "O que será feito com o homem que matar este filisteu e livrar Israel desta vergonha? Pois quem é este filisteu incircunciso para se atrever a desafiar as linhas de batalha do Deus vivo?"...

Quando se soube o que Davi tinha falado, comunicaram-no a Saul, e ele o mandou vir à sua presença. Davi disse a Saul: "Ninguém perca a coragem por causa dele! Teu servo irá combater contra este filisteu!"

Saul ponderou a Davi: "Não podes enfrentar este filisteu, pois és ainda muito novo, e ele é guerreiro desde a juventude".

Davi respondeu a Saul: "Quando o teu servo apascentava o rebanho de seu pai e vinha um leão ou um urso que arrebatava uma ovelha do meio do rebanho, eu saía atrás dele, atacava-o e lhe arrancava a ovelha da boca. Se ele me atacava, eu o agarrava pela juba e o matava a pauladas. Fosse um leão, fosse um urso, teu servo o matava; e este filisteu incircunciso terá a mesma sorte porque lançou um desafio às linhas de batalha do Deus vivo". Davi acrescentou ainda: "O SENHOR que me salvou das garras do leão e do urso me salvará também das mãos desse filisteu". Saul respondeu: "Vai, e o SENHOR esteja contigo".

Então Saul vestiu Davi com a sua armadura, colocou um capacete de bronze na cabeça dele e revestiu-o com a sua couraça. Davi cingiu a espada sobre as roupas e tentou em vão andar, pois não estava acostumado. Davi disse então a Saul: "Com isto eu não consigo andar porque não estou acostumado". Então Davi tirou a armadura.

Em seguida Davi tomou o bastão na mão, escolheu cinco pedras bem lisas no leito do riacho e as colocou na sua sacola de pastor, que lhe servia como bolsa de funda. Com a funda na mão avançou contra o filisteu.

Davi mata Golias

O filisteu, precedido do escudeiro, vinha-se aproximando cada vez mais. Quando o filisteu olhou e viu Davi, desprezou-o, pois era ainda muito novo. Além disso, era louro e de bela aparência.

Então o filisteu gritou para Davi: "Porventura sou um cachorro, para vires a mim com bastões?" E o filisteu amaldiçoou Davi, invocando os seus deuses. O filisteu disse a Davi: "Vem cá! Vou dar a tua carne às aves do céu e aos animais do campo!" Davi respondeu ao filisteu: "Tu vens contra mim com espada, lança e dardo; mas eu venho contra ti em nome do SENHOR Todo-poderoso, Deus das linhas de batalha de Israel a quem desafiaste. No dia de hoje o SENHOR te entregará em minhas mãos. Eu vou te matar, vou cortar tua cabeça; teu corpo e os corpos do exército dos filisteus vou dá-los ainda hoje às aves do céu e aos animais selvagens, para que toda a terra saiba que Israel tem um Deus. E todos que estão aqui reunidos ficarão sabendo que o SENHOR não precisa de espada e lança para dar salvação, pois a batalha é do SENHOR, e ele vos entregará em nossas mãos!"

Quando o filisteu avançou e se aproximou de Davi, este correu depressa da linha de batalha ao encontro do filisteu. Davi pôs a mão na sacola, tirou dela uma pedra e arremessou-a com a funda. Acertou o filisteu na testa com tanta força que a pedra penetrou na cabeça dele, e ele tombou com o rosto por terra. Dessa maneira Davi venceu o filisteu com funda e pedra, acertando-o e matando-o, sem ter espada na mão. Então Davi correu e, de pé sobre o filisteu, tomou a espada dele, tirou-a da bainha e acabou de matá-lo, cortando-lhe a cabeça. Quando os filisteus viram que o seu melhor lutador estava morto, puseram-se em fuga.

1Reis

Quando Davi morreu, foi sucedido por seu filho Salomão (célebre por sua sabedoria), mas depois a monarquia passou por um longo período de declínio. O país dividiu-se em dois, norte (Israel) e sul (Judá). Houve alguns reis bons, mas a maioria foi de reis ruins; houve alguns períodos bons, mas a maioria foi de períodos ruins em que o povo abandonou suas obrigações religiosas e imitou seus vizinhos pagãos. Os grandes profetas de Israel, entre os quais Elias foi o primeiro e o mais importante, estiveram frequentemente em oposição aos reis. Elias acabou temendo por sua vida e fugiu, tendo incorrido na ira da famigerada rainha Jezabel. Esta história conta como Deus se encontrou com Elias na montanha sagrada do Sinai.

1Reis 19,8-13

O Senhor aparece a Elias

Elias se levantou, comeu e bebeu; e com a força deste alimento andou quarenta dias e quarenta noites, até chegar ao monte de Deus, Horeb. Lá entrou numa caverna e passou a noite.

De repente a palavra do SENHOR lhe foi dirigida nestes termos: "O que estás fazendo aqui, Elias?" Ele respondeu: "Estou cheio de ciúmes pelo SENHOR Deus Todo-poderoso. Pois os israelitas abandonaram a tua aliança, demoliram os teus altares, mataram à espada os teus profetas e sobrei apenas eu. Mas também a mim procuram tirar-me a vida". O SENHOR respondeu: "Sai e põe-te de pé no monte, diante do SENHOR! Eis que ele vai passar".

Houve então um grande furacão, tão violento que rasgava os montes e despedaçava os rochedos diante do SENHOR, mas o SENHOR não estava no vento. Depois do vento houve um terremoto, mas o SENHOR não estava no terremoto. Depois do terremoto houve fogo, mas o SENHOR não estava no fogo. Finalmente, passado o fogo, percebeu-se o sussurro de uma brisa suave e amena.

Quando Elias a percebeu, cobriu o rosto com o manto e saiu, colocando-se na entrada da caverna. Então uma voz lhe falou: "O que estás fazendo aqui, Elias?"

Jó

O livro começa com um relato das desgraças que aconteceram a Jó – perdeu toda sua família, seus rebanhos e casas. O que segue é um longo diálogo entre ele e três "amigos" sobre a tremenda questão: "Por que o inocente sofre?" O argumento avança e recua, até que Jó finalmente reconhece que a resposta está além do entendimento humano e está escondida na profunda sabedoria de Deus. Nossa passagem faz parte desse momento de compreensão.

Jó 42,1-6

Resposta de Jó ao Senhor

Jó respondeu então ao SENHOR e disse: Bem sei que podes tudo, que nenhum projeto te é impossível. "Quem é esse que ofusca a Providência sem conhecimento de causa"? De fato, falei de coisas que não compreendia, maravilhas superiores a mim, que não entendia. "Escuta-me", eu disse, "a palavra está comigo, vou te interrogar e tu me instruirás!" Eu te conhecia só por ouvir dizer; mas agora meus próprios olhos te veem. Por isso, eu me retrato e me arrependo, eu me retrato sobre o pó e a cinza.

Salmos

Os Salmos são o livro de hinos de Israel, escritos para ser cantados no culto. Tradicionalmente, muitos deles são atribuídos ao rei Davi. Cobrem uma ampla série de emoções, necessidades e situações, mas eu escolhi três que me parecem excelentes exemplos de poesia hebraica e demonstram também a amplitude e perspicácia destes notáveis escritos.

Salmo 23

O "salmo do pastor"

O SENHOR é meu pastor: nada me falta.
Em verdes pastagens me faz repousar,
conduz-me até às fontes tranquilas
e reanima minha vida;
guia-me pelas sendas da justiça
para a honra de seu nome.

Ainda que eu ande por um vale de espessas trevas,
não temo mal algum, porque tu estás comigo;
teu bastão e teu cajado me confortam.
Diante de mim preparas a mesa,
bem à vista dos meus inimigos;
tu me unges com óleo a cabeça,
minha taça transborda.
Bondade e amor certamente me acompanharão
todos os dias de minha vida,
e habitarei na casa do SENHOR
por longos dias.

Salmo 121

O Senhor protegerá seu povo
Levanto os olhos para os montes:
donde me virá o socorro?
O meu socorro vem do SENHOR,
que fez o céu e a terra.
Ele não deixará que teus pés vacilem;
não cochila aquele que te guarda.
Não, não cochila nem dorme
aquele que guarda Israel.
O SENHOR é o teu guarda:

O SENHOR é a tua sombra, ele está à tua direita.
O sol não te molestará de dia,
nem a lua de noite.
O SENHOR te guardará de todo mal,
ele guardará tua vida.
O SENHOR guardará tuas idas e vindas,
desde agora e para sempre.

Salmo 139,1-14

O Senhor está sempre perto
SENHOR, tu me sondaste e me conheces:
sabes quando me sento e quando me levanto,
de longe percebes os meus pensamentos.
Discernes minha caminhada e meu descanso
e estás a par de todos os meus caminhos.
A palavra ainda não chegou à minha língua,
e tu, SENHOR, já a conheces toda.
Tu me envolves por trás e pela frente,
e pões sobre mim tua mão.
Tal conhecimento é para mim demasiado maravilhoso,
tão elevado que não o posso atingir.
Aonde irei para estar longe do teu espírito?
Aonde fugirei, longe de tua presença?
Se eu escalar o céu, aí estás;

se me deitar nas profundezas, também aí
estás.
Se me apossar das asas da aurora
e for morar nos confins do mar,
também aí tua mão me conduz,
tua destra me segura.
Se eu disser: "As trevas, ao menos, vão me
envolver
e a luz, à minha volta, se fará noite",
nem sequer as trevas são bastante escuras
para ti,
e a noite é tão clara como o dia,
tanto faz a luz como as trevas.
Pois tu plasmaste meus rins,
tu me teceste no seio de minha mãe.
Graças te dou pela maneira espantosa
como fui feito tão maravilhosamente.
Maravilhosas são tuas obras;
sim, eu bem o reconheço.

Eclesiastes

Este nome estranho significa "o pregador". É um livro de sabedoria – um tanto cansado da vida às vezes! – escrito por um autor anônimo. As duas passagens escolhidas por mim são bem conhecidas: a primeira (sobre o "tempo") porque se tornou o tema de uma canção popular na década de 1960, e a segunda porque é um brilhante retrato do processo de envelhecimento!

Eclesiastes 3,1-15

Tudo tem seu tempo

Para tudo há um momento, há um tempo para cada coisa debaixo do céu. Tempo de nascer e tempo de morrer; tempo de plantar e tempo de arrancar a planta. Tempo de matar e tempo de curar; tempo de destruir e tempo de construir. Tempo de chorar e tempo de rir; tempo de gemer e tempo de dançar. Tempo de atirar pedras e tempo de ajuntá-las; tempo de abraçar e tempo de se separar. Tempo de buscar e tempo de perder; tempo de guardar e tempo de jogar fora. Tempo de rasgar e tempo de costurar; tempo de calar e tempo de falar. Tempo de amar e tempo de odiar; tempo de guerra e tempo de paz.

O que a pessoa ganha com todo o seu trabalho? Observei as tarefas que Deus impôs às pessoas, para delas se ocuparem. As coisas que ele fez são todas boas no momento oportuno. Além disso, ele pôs no coração humano o sentido do tempo, mas sem que ele chegue a conhecer o princípio e o fim da ação que Deus realiza. E compreendi que não há outra felicidade para alguém senão alegrar-se e assim alcançar a felicidade durante a vida. Igualmente é dom de Deus que todas as pessoas possam comer, beber e desfrutar da felicidade de seu trabalho. Compreendi que tudo o que Deus faz dura para sempre. Nada se pode acrescentar, nada se pode tirar; Deus assim o fez, para que o temam. O que é, já existiu; e o que será, também já existiu; Deus recupera o que passou.

Envelhecer

Lembra-te do teu Criador nos dias da juventude, antes que cheguem os dias nefastos e se aproximem os anos dos quais dirás: "Não gosto deles!"; antes que se obscureçam o sol e a luz, a lua e as estrelas, e voltem as nuvens depois da chuva; no dia em que os guardas da casa começarem a tremer e os homens robustos a se encurvar; as mós, por serem poucas, pararem de moer, e ficarem embaçados os que olham pelas janelas. Quando as portas sobre a rua se fecharem, e diminuir o ruído do moinho até tornar-se como o pipiar de um pássaro e emudecer o som das canções, então haverá medo também das alturas e sustos no caminho. Quando a amendoeira florescer, o gafanhoto engordar, e a alcaparra estalar, então o ser humano seguirá para a morada eterna, e pelas ruas haverá gente chorando. Antes que se rompa o cordão de prata e se despedace a taça de ouro, quebre-se o cântaro na fonte e se parta a roldana da cisterna, então o pó voltará à terra, onde estava, e o sopro de vida voltará para Deus, seu autor.

Cântico dos Cânticos

Este é um livro de poemas, um magnífico elogio da maravilha e beleza do amor sexual. Quem pensa que a Bíblia é "contra o sexo" não deve ter lido este livro! Aqui vai uma breve amostra dele.

Cântico dos Cânticos 2,10-14

O meu amado me fala e diz:
Levanta-te, minha querida,
vem comigo, minha formosa!
Eis que o inverno já passou,
passaram as chuvas e se foram.
Aparecem as flores na terra,
chegou o tempo da poda,
a rolinha já faz ouvir seu arrulho em nossa região.
Da figueira brotam os primeiros figos,
exalam perfume as videiras em flor.

Levanta-te, minha querida,
minha formosa, e vem!
Pomba minha, nas fendas da rocha,
no esconderijo escarpado,
mostra-me teu rosto, deixa-me ouvir tua
voz!
Porque tua voz é doce e teu rosto encantador.

Isaías

O profeta Isaías viveu no século VIII a.C., quando a potência mundial dominante era a Assíria. Advertiu os reis de Judá contra os perigos das alianças com outros países e das terríveis consequências do compromisso religioso. Suas advertências foram eficazes, mas por fim uma nova potência, os babilônios, conquistou Judá em 587 a.C. e levou muitos cidadãos para o cativeiro. A segunda metade do livro (capítulos 40-66) é uma mensagem de esperança dirigida ao povo daquele tempo. Deus não os esqueceu! Muitas das profecias de Isaías foram consideradas pelos cristãos como referentes à vinda do Messias, Jesus.

O primeiro extrato narra a vocação de Isaías, numa importante visita ao templo. Os outros quatro extratos contêm palavras de esperança, que anteveem o futuro tempo de bênção.

Isaías 6,1-8

A vocação do profeta

No ano da morte do rei Ozias, vi o Senhor sentado em um trono alto e elevado. A orla de seu manto enchia o santuário. Serafins estavam de pé acima dele. Cada um tinha seis asas: com duas cobriam o rosto, com duas cobriam os pés e com duas voavam. Eles clamavam uns para os outros: "Santo, santo, santo é o SENHOR Todo-poderoso, e toda terra está cheia de sua glória!" Os gonzos da porta começaram a tremer ao clamor de sua voz, e o Templo se enchia de fumaça. Eu disse então: "Ai de mim! Estou perdido, porque sou um homem de lábios impuros, moro no meio de um povo de lábios impuros, e meus olhos viram o rei, o SENHOR Todo-poderoso".

E um dos serafins voou em minha direção; tinha em sua mão uma brasa que havia tirado do altar com uma tenaz. Com ela tocou-me a boca e disse: "Agora que isto tocou os teus lábios, foi removida a tua culpa e perdoado o teu pecado".

Então ouvi a voz do Senhor que dizia: "Quem enviarei, e quem irá por nós?" E eu disse: "Aqui estou, envia-me!"

Isaías 9,1-6

A guerra terminou

O povo que andava nas trevas viu uma grande luz. Sobre os que habitavam a terra da sombra brilhou uma luz. Multiplicaste o seu júbilo, fizeste crescer a alegria. Eles se alegram diante de ti como quem se alegra na colheita, como os que se regozijam na divisão da presa. Porque o jugo que pesava sobre eles, a carga de seus ombros, a vara do opressor, tu os quebraste como no dia de Madiã. Porque toda bota que pisa ruidosamente e toda túnica empapada de sangue serão queimadas, servirão de alimento para o fogo.

Nasceu um menino

Porque nasceu para nós um menino, um filho nos foi dado. Ele tem a soberania sobre seus ombros e será chamado: "Conselheiro admirável, Deus forte, Pai para sempre, Príncipe da paz". Ele terá uma soberania ampla e uma paz sem limites sobre o trono de Davi e sobre seu reino, para estabelecê-lo e firmá-lo no direito e na justiça, desde agora e para sempre. O zelo do SENHOR Todo-poderoso fará isto.

Isaías 11,1-9

Afinal a paz

Um broto sairá do tronco de Jessé, e um rebento brotará de suas raízes. Sobre ele repousará o espírito do SENHOR, espírito de sabedoria e entendimento, espírito de conselho e fortaleza, espírito de conhecimento e temor do SENHOR. Ele se inspirará no temor do SENHOR. Não julgará pelas aparências nem decidirá só por ouvir dizer. Julgará os pobres com justiça e decidirá com retidão em favor dos humildes do país. Ferirá a terra com a vara de sua boca, e com o sopro de seus lábios matará o perverso. A justiça será o cinturão que ele usa e a fidelidade, o seu cinto.

Então o lobo será hóspede do cordeiro e o leopardo se deitará com o cabrito. O bezerro, o leãozinho e o animal cevado estarão juntos, e um menino os conduzirá. A vaca e o urso pastarão lado a lado; juntas se deitarão as suas crias; e o leão comerá capim como o boi. A criança de peito brincará junto à toca da víbora, a criança desmamada porá a mão na cova da serpente. Não se fará mal nem destruição em todo o meu santo monte, porque a terra estará cheia do conhecimento do SENHOR, como as águas que enchem o mar.

Isaías 35,5-10

A terra e seu povo transformados

Então os olhos dos cegos verão e os ouvidos dos surdos se abrirão. Então o coxo saltará como um cervo e a língua do mudo gritará de alegria. Porque no deserto jorrará água e torrentes na estepe. A terra abrasada se transformará em lago e a região seca em fontes de água. Onde moram os chacais, a erva se tornará cana e junco.

O caminho santo de Deus

Lá haverá uma estrada, um caminho; chamar-se-á Caminho Santo. Nenhum impuro passará por ele; é o SENHOR que andará por este caminho e até os insensatos não se perderão nele. Lá não haverá leão, o terror dos animais não passará por ele, nem ali será encontrado. Só os redimidos nele caminharão. Os resgatados do SENHOR retornarão e chegarão a Sião cantando de júbilo. Sobre eles haverá uma alegria eterna, gozo e alegria virão a seu encontro. Tristeza e gemidos desaparecerão.

Isaías 40,1-5

A voz no deserto

"Consolai, consolai o meu povo!", diz o vosso Deus. "Falai ao coração de Jerusalém e lhe gritai: Terminou o tempo de seu serviço, foi saldado o débito da sua culpa; ela recebeu da mão do SENHOR o dobro por todos os seus pecados!"

Uma voz clama: "Abri no deserto um caminho para o SENHOR, nivelai na estepe uma estrada para nosso Deus! Todo vale seja aterrado e todo monte e colina sejam abaixados. O terreno acidentado se torne planície e as escarpas se transformem em amplo vale! Então a glória do SENHOR se manifestará, e toda criatura humana verá: foi a boca do SENHOR que falou!"

Ezequiel

Temos dois extratos das profecias de Ezequiel, que viveu no século VI a.C.

Ele advertiu o povo da desgraça iminente, embora haja sempre, como em Isaías e Jeremias, também uma nota de esperança de que no final Deus irá justificar e salvar seu povo. Aqui estão dois dos seus trechos mais vigorosos e notáveis: primeiro, uma extraordinária visão da glória de Deus e, em seguida, a muito conhecida metáfora dos ossos secos que voltam à vida.

Ezequiel 1,4-28

Visão da glória de Deus

Eu vi que um vento impetuoso vinha do norte, uma grande nuvem envolta em claridade e relâmpagos, no meio da qual cintilava algo como se fosse ouro brilhante. No centro aparecia a forma de quatro seres vivos. Este era seu aspecto: tinham forma humana. Cada um apresentava quatro caras e tinha quatro asas. Quanto às pernas, tinham pernas retas e patas como as de bezerro; reluziam como o brilho do bronze polido. Por baixo das asas tinham mãos humanas nos quatro lados, pois todos os quatro tinham rosto e asas. As asas tocavam-se umas nas outras. Ao se moverem não se voltavam, mas cada um seguia para onde tinha o rosto voltado. Quanto à forma das caras, tinham cara de gente, cara de leão do lado direito de cada um dos quatro, cara de touro do lado esquerdo de cada um dos quatro, e cara de águia cada um dos quatro.

Cada um tinha duas asas estendidas para cima, que se tocavam umas nas outras, e duas asas que cobriam o corpo. Cada um caminhava para sua frente, seguindo ao sabor do vento, sem se voltar enquanto se movia. No meio dos seres vivos aparecia algo como brasas; pareciam tochas acesas, faiscando entre os seres vivos. O fogo cintilava, e do meio do fogo saíam relâmpagos. Os seres vivos coriscavam, parecendo raios.

Olhei para os seres vivos e vi que havia uma roda por terra, junto a cada um dos quatro seres vivos. Quanto à forma e ao feitio, as rodas eram como o brilho do crisólito. Todas as quatro tinham o mesmo formato. Quanto à forma e ao feitio, eram como se uma estivesse encaixada na outra. Quando se moviam, podiam avançar em cada uma das quatro direções, sem se voltarem enquanto se moviam. As rodas tinham aros, e eu vi que cada um dos quatro aros estava cheio de rebites ao redor. Quando os seres vivos se movimentavam, moviam-se também as rodas ao lado deles. Quando os seres vivos se elevavam do chão, também as rodas se levantavam. Seguiam ao sabor do vento. As rodas elevavam-se junto com eles, pois o espírito dos seres vivos estava nas rodas. Moviam-se quando eles se moviam, paravam quando eles paravam e quando se elevavam do chão, juntamente com eles elevavam-se as rodas, pois nelas estava o espírito dos seres vivos. Acima das cabeças dos seres vivos havia uma espécie de firmamento, esplêndido como cristal, estendido sobre as cabeças.

Por baixo do firmamento estavam as asas estendidas, uma em direção à outra, sendo que duas delas lhes cobriam o corpo de um e de outro lado. E eu ouvi o rumor das asas: era como o rumor de muitas águas, como a voz do Poderoso; quando se moviam, seu ruído era como o estrépito de um acampamento. Quando paravam, abaixavam as asas. O ruído vinha de cima do firmamento que estava sobre as cabeças; quando paravam, abaixavam as asas.

Acima do firmamento que estava sobre as cabeças havia algo parecido com safira, em forma de trono, e sobre esta forma de trono, bem no alto, uma figura com aparência humana. E eu vi um cintilar como o do ouro brilhante, envolvendo-a como se fosse fogo, do lado de cima do que parecia ser a cintura. Do lado de baixo do que parecia ser a cintura vi algo como fogo. Estava toda envolta de resplendor. O resplendor que a envolvia tinha o mesmo aspecto do arco-íris que se forma nas nuvens em dia de chuva. Tal era a aparência visível da glória do SENHOR. Ao ver isto, caí prostrado e ouvi a voz de alguém que falava.

Ezequiel 37,1-14

Os ossos secos voltam à vida

A mão do SENHOR estava sobre mim, e o SENHOR me levou em espírito para fora e me deixou no meio de uma planície repleta de ossos. Fez-me circular no meio dos ossos em todas as direções. Vi que havia muitíssimos ossos sobre a planície e estavam bem ressequidos. Ele me perguntou: "Filho de homem, poderão estes ossos reviver?" E eu respondi: "Senhor DEUS, tu o sabes!" E ele me disse: "Profetiza sobre estes ossos e dize-lhes: Ossos ressequidos, ouvi a palavra do SENHOR! Assim diz o Senhor DEUS a estes ossos: Vou infundir-vos, eu mesmo, um espírito para que revivais. Eu vos darei nervos, farei crescer carne e estenderei por cima a pele. Porei em vós um espírito para que revivais. Então sabereis que eu sou o SENHOR".

Profetizei conforme me fora ordenado. Enquanto eu profetizava, ouviu-se primeiro um rumor, e logo um estrondo, quando os ossos se aproximaram uns dos outros. Eu olhei e vi nervos e carne crescendo sobre eles e, por cima, a pele que se estendia. Mas faltava-lhes o sopro de vida. Ele me disse: "Profetiza para o espírito, profetiza, filho de homem! Dirás ao espírito: Assim diz o Senhor DEUS: Vem, ó espírito, dos quatro ventos, soprar sobre estes mortos para que eles possam reviver!" Profetizei conforme me fora ordenado, e o espírito entrou neles. Eles reviveram e se puseram de pé qual imenso exército.

Então ele me disse: "Filho de homem, estes ossos são toda a casa de Israel. Eles dizem: 'Nossos ossos estão secos, nossa esperança acabou, estamos perdidos! Por isso, profetiza e dize-lhes: Assim diz o Senhor DEUS: Ó meu povo, vou abrir vossas sepulturas! Eu vos farei sair de vossas sepulturas e vos conduzirei para a terra de Israel. Ó meu povo, quando abrir vossas sepulturas e vos fizer sair delas, sabereis que eu sou o SENHOR. Quando incutir em vós o meu espírito para que revivais, quando vos estabelecer em vossa terra, sabereis que eu, o SENHOR, digo e faço – oráculo do SENHOR".

Jonas

A maioria das pessoas pensa apenas em "Jonas no ventre da baleia", mas de fato este pequeno livro trata de penitência e de fazer a vontade de Deus. Jonas mostrou-se relutante em ir pregar ao povo da cidade de Nínive (o que provocou todos os incidentes em sua jornada, inclusive ser devorado pelo grande peixe) e, quando chegou lá, ficou indignado porque o povo se arrependeu à sua pregação, em vez de enfrentar o castigo que ele pensava que mereciam. Em nossa passagem, Deus lhe dá uma lição a respeito das prioridades de Deus.

Jonas 3,10–4,11

A preocupação de Deus com Nínive

Deus viu suas obras, como eles se converteram de seu caminho perverso, e se arrependeu do mal que lhes ameaçara fazer, e não o fez.

Mas isto trouxe um grande desgosto a Jonas, e ele ficou indignado. Orou, então, ao SENHOR dizendo: "Ah! SENHOR, não era justamente o que eu dizia quando estava ainda em minha terra? Por isso fugi apressadamente para Társis; pois eu sabia que tu és um Deus clemente e misericordioso, paciente, cheio de amor e que se arrepende do mal. Mas agora, SENHOR, toma a minha vida, eu te peço; pois é melhor para mim a morte do que a vida". O SENHOR disse: "Tens, por acaso, motivo para te irar?"

Jonas saiu da cidade e instalou-se ao leste da cidade. Lá construiu uma cabana e assentou-se à sombra para ver o que aconteceria na cidade. Então o SENHOR Deus fez crescer uma mamoneira sobre Jonas, para dar sombra à sua cabeça e libertá-lo de seu mau humor. Jonas ficou muito alegre por causa da mamoneira. No outro dia, ao surgir da aurora, Deus mandou um verme, que atacou a mamoneira, e esta secou. Quando o sol se levantou, Deus mandou um vento oriental muito quente; o sol bateu na cabeça de Jonas e ele desfalecia. Então pediu a morte e disse: "É melhor para mim morrer do que viver". E Deus disse a Jonas: "Será que está certo que te aborreças por causa da mamoneira?" E ele disse: "Sim! está certo que eu me aborreça até a morte".

E o SENHOR disse: "Tu tens pena da mamoneira, que não te custou trabalho e que não fizeste crescer, que em uma noite brotou e em uma noite pereceu. E eu não deveria ter pena de Nínive, a grande cidade, onde há mais de cento e vinte mil pessoas que não distinguem entre direita e esquerda, assim como muitos animais?"

Daniel

Daniel era um judeu que havia sido levado preso para a Babilônia, onde continuou a praticar suas devoções e orações diárias. Isto contradizia um edito do rei Dario; e os líderes locais, que não gostavam de Daniel, forçaram o rei a aplicar sua lei ao jovem judeu – que ele fosse dado como comida aos leões. Relutantemente, Dario resolveu consentir.

Daniel 6,17-24

Daniel na cova dos leões

Então o rei deu ordem de chamar Daniel e o lançar na cova dos leões. Mas, antes, disse a Daniel: "Teu Deus, a quem prestas culto com tanta perseverança, te salvará!" Em seguida trouxeram uma pedra e a colocaram na entrada da cova; o rei a selou com seu próprio anel e com os anéis dos seus conselheiros, para que nada se mudasse a respeito de Daniel. Depois o rei retirou-se para o palácio. Passou a noite em jejum e nem quis que lhe trouxessem concubinas; o sono lhe fugiu dos olhos. Ao raiar da aurora, bem de madrugada, o rei se levantou e foi depressa à cova dos leões. Quando chegou perto da cova, gritou para Daniel com voz angustiada: "Daniel, servo do Deus vivo! Então teu Deus, a quem prestas culto com tanta perseverança, conseguiu salvar-te dos leões?"

Daniel respondeu ao rei: "Viva o rei para sempre! O meu Deus enviou seu anjo que fechou a boca dos leões, de modo que não me fizeram mal, porque fui considerado inocente na presença dele; tampouco pratiquei qualquer crime contra ti, majestade!" Com isto o rei ficou muito contente e mandou tirar Daniel da cova. Quando o retiraram da cova, viram que ele não tinha nenhum arranhão, porque tinha posto sua confiança em seu Deus.

Amós

Amós profetizou no século VIII a.C. Assim como outros profetas, profetizou desgraças se o povo não se arrependesse e não voltasse para Deus; mas também, como eles, traçou quadros de tempos de futura bênção se ele voltasse para o Senhor. Aqui está um deles.

Amós 9,13-15

Verdadeira prosperidade

Virão dias – oráculo do SENHOR – nos quais quem semeia estará próximo de quem colhe, quem pisa as uvas, de quem planta; as montanhas destilarão vinho novo e todas as colinas se derreterão. Mudarei a sorte de meu povo Israel; eles reconstruirão as cidades devastadas e as habitarão, plantarão vinhas e beberão o vinho, cultivarão pomares e comerão os frutos. Eu os plantarei em sua terra e nunca mais serão arrancados da terra que lhes dei, diz o SENHOR teu Deus.

Miqueias

Miqueias foi um contemporâneo de Isaías, e seu pequeno livro – um dos chamados Profetas menores – ecoa muitas das ideias do grande profeta. Como Isaías, Miqueias está preocupado com o compromisso religioso e a corrupção, especialmente nos lugares altos. Como Isaías, ele adverte sobre as terríveis consequências da contínua desobediência. Mas também, como Isaías e todos os outros profetas, apresenta uma encantadora visão de esperança e bênção se o povo de Deus voltar aos seus mandamentos. Aqui temos três pequenos extratos de seu livro. O primeiro é um quadro de um futuro dourado de paz e prosperidade, talvez uma das passagens mais citadas da profecia hebraica. O segundo é uma profecia que se refere à pequena cidade de Belém e a um futuro "rei" de Israel – que Mateus, no Novo Testamento, considera realizada na vinda de Jesus, nascido neste lugar. O terceiro é um sumário de toda a mensagem profética – o que é que Deus exige de nós?

Miqueias 4,1-5

Paz e prosperidade

E acontecerá no fim dos dias que a montanha da casa do SENHOR estará firme no cume das montanhas e dominará sobre as colinas. Então povos afluirão a ela, virão numerosas nações, dizendo: "Vinde, subamos à montanha do SENHOR, para a casa do Deus de Jacó. Ele nos ensinará seus caminhos e caminharemos por suas vias. Porque de Sião sairá o ensinamento e de Jerusalém a palavra do SENHOR". Ele julgará povos numerosos e será o árbitro de nações poderosas. Das espadas eles forjarão arados e das lanças, podadeiras. Uma nação não levantará a espada contra outra e já não se adestrarão para a guerra. Cada qual ficará sentado debaixo de sua vinha e de sua figueira e ninguém o inquietará, porque a boca do SENHOR Todo-poderoso falou!

Sim, todos os povos caminham, cada qual em nome de seu deus; nós, porém, caminhamos em nome do SENHOR nosso Deus, para sempre!

Miqueias 5,1

Uma promessa para Belém

Mas tu, Belém de Éfrata, embora pequena entre os clãs de Judá, de ti sairá para mim aquele que deve governar Israel. Suas origens vêm de tempos remotos, de dias antigos.

Miqueias 6,6-8

Verdadeira obediência

"Com que me apresentarei ao SENHOR, e me inclinarei diante do Deus do céu? Poderia apresentar-me com holocaustos ou com novilhos de um ano? Terá o SENHOR prazer nos milhares de carneiros ou em dez mil torrentes de óleo? Darei meu primogênito por meu crime? O fruto de minhas entranhas por meu pecado?"

"Já te foi revelado, ó ser humano, o que é bom e o que o SENHOR exige de ti: nada mais do que praticar o direito, amar a bondade e caminhar humildemente com teu Deus!"

Malaquias

Malaquias – o nome significa "meu mensageiro" – é a última voz do Antigo Testamento na Bíblia, tal como a têm os cristãos. Viveu no século V a.C., antes das longas ocupações por parte dos gregos e romanos que chegam até o tempo de Jesus. Ele está particularmente irritado com a corrupção no próprio templo e entre os sacerdotes, como também com a omissão do povo em oferecer os devidos sacrifícios e dízimos. Contudo, ele promete que o "mensageiro do Senhor" virá "repentinamente", mas sua vinda trará julgamento como também bênção. Para os que honram o nome de Deus haverá cura e alegria. Aqui estão duas pequenas passagens deste livro.

Malaquias 3,1-4

O mensageiro prometido

Eu vou enviar o meu mensageiro para que prepare um caminho diante de mim. Então, de repente, entrará em seu Templo o Senhor que vós procurais, o Anjo da aliança que vós desejais; ele está chegando – diz o SENHOR Todo-poderoso. Quem poderá suportar o dia da sua chegada? Quem poderá ficar de pé, quando ele aparecer? Porque ele é como o fogo do fundidor e como o sabão das lavadeiras. Ele se assentará para fundir e purificar a prata; ele purificará os levitas e os refinará como ouro e prata, e eles se tornarão para o SENHOR aqueles que apresentam uma oferenda conforme a justiça. A oferenda de Judá e de Jerusalém será agradável ao SENHOR, como nos dias antigos, como nos anos passados.

Malaquias 3,19-20.22-24

O dia do julgamento

Porque vem o dia que queima como um forno. Todos os arrogantes e os que praticam o mal serão como palha; o dia que vem os queimará –

diz o SENHOR Todo-poderoso – de modo que não lhes restará raiz nem ramo. Mas para vós, que temeis o meu nome, brilhará o sol de justiça que traz a cura em seus raios. Vós saireis e saltareis como bezerros de engorda.

Lembrai-vos da Lei de Moisés, meu servo, a quem eu prescrevi no Horeb leis e preceitos para todo Israel. Vou enviar-vos o profeta Elias antes que chegue o dia do SENHOR, grande e terrível. Ele fará voltar o coração dos pais para os filhos e o coração dos filhos para os pais, para que eu não venha ferir o país com extermínio.

Novo Testamento

O Novo Testamento (as Escrituras cristãs) foi escrito por diversos autores entre os anos 65 e 100 d.C. aproximadamente. A prova de sua autenticidade era se os livros tinham autoridade "apostólica" – ou seja, se foram escritos pelos próprios apóstolos (as testemunhas oculares da vida e ressurreição de Jesus) ou por pessoas estreitamente ligadas a eles. Existem quatro "Evangelhos", que contam a história da vida, dos ensinamentos, da morte e da ressurreição de Jesus a partir de diferentes perspectivas; o livro dos Atos, que conta a história dos primeiros cristãos e a formação da Igreja; cartas de líderes proeminente da Igreja (entre os quais Paulo, Pedro, Tiago e João); e, finalmente, o Apocalipse, ou seja, a visão do céu e dos propósitos finais de Deus, descrita por um homem chamado João.

Mateus

O Evangelho de Mateus é colocado em primeiro lugar, não porque foi o primeiro a ser escrito, mas porque fornece um claro elo entre as Escrituras hebraicas (o Antigo Testamento) e as Escrituras cristãs (o Novo Testamento). Está quase obsessivamente preocupado em demonstrar que tudo o que Jesus disse e fez foi em cumprimento dos profetas judeus. Mateus reúne também o ensinamento e as parábolas (histórias destinadas a instruir) de Jesus de maneira organizada, incluindo o grande Sermão da montanha, do qual apresentamos vários extratos. Começamos, porém, com a visita que fizeram ao menino Jesus os misteriosos "magos" ("homens sábios") do Oriente – representantes da antiga era de superstição e magias. Sugestivamente, eles depositam seus dons aos pés do menino Jesus.

Mateus 2,1-12

Os sábios

Tendo nascido Jesus em Belém da Judeia no tempo do rei Herodes, alguns magos do Oriente chegaram a Jerusalém e perguntaram: "Onde está o rei dos judeus, que acaba de nascer? Vimos sua estrela no Oriente e viemos adorá-lo". Ao ouvir isso, o rei Herodes ficou alarmado e com ele toda Jerusalém. Reuniu todos os sumos sacerdotes e os escribas do povo, e começou a perguntar-lhes onde deveria nascer o Cristo. "Em Belém da Judeia – responderam eles –, pois assim foi escrito pelo profeta: *E tu, Belém, terra de Judá, de forma alguma és a menor das sedes distritais de Judá, porque de ti sairá um chefe que apascentará meu povo Israel*".

Herodes chamou, então, secretamente os magos e informou-se com eles cuidadosamente sobre o tempo exato em que a estrela tinha aparecido. Depois, mandou-os a Belém e disse: "Ide e investigai bem sobre o menino e, quando o tiverdes encontrado, comunicai-me, para que eu também possa ir adorá-lo". Tendo ouvido o rei, eles partiram. E a estrela, que tinham visto no Oriente, ia à frente deles, até parar sobre o lugar onde estava o menino. Quando viram a estrela, encheram-se de grande alegria. Ao entrar na casa, viram o menino com Maria, sua mãe; e, prostrando-se, o adoraram. Abriram seus cofres e lhe ofereceram presentes, ouro, incenso e mirra. Depois, avisados em sonho para não voltarem a Herodes, retornaram para sua terra por outro caminho.

Sermão da montanha

É uma coleção de ensinamentos de Jesus. Se possui um tema central, são suas "prioridades" – entendendo o que é realmente importante e o que não é. Apresentamos aqui três extratos do sermão. O primeiro é a coleção de ditos conhecida como bem-aventuranças – uma lista das qualidades que motivam a bênção de Deus sobre nós e, assim, nos tornam "felizes". O segundo é o famoso dito de Jesus sobre amar nossos inimigos. O terceiro é sobre as preocupações da vida diária. Estes são seguidos por três outros extratos do ensinamento de Jesus.

Mateus 5,1-12

As bem-aventuranças

Ao ver aquela multidão de povo, Jesus subiu ao monte. Quando sentou-se, os discípulos se aproximaram dele. Tomou a palavra e começou a ensinar: “Felizes os que têm espírito de pobre, porque deles é o reino dos céus. Felizes os que choram, porque serão consolados. Felizes os mansos, porque possuirão a terra. Felizes os que têm fome e sede de justiça, porque serão saciados. Felizes os misericordiosos, porque alcançarão misericórdia. Felizes os puros de coração, porque verão a Deus. Felizes os que promovem a paz, porque serão chamados filhos de Deus. Felizes os perseguidos por causa da justiça, porque deles é o reino dos céus. Felizes sereis quando vos insultarem e perseguirem e, por minha causa, disserem todo tipo de calúnia contra vós. Alegrai-vos e exultai, porque grande será a vossa recompensa nos céus. Foi assim que perseguiram os profetas antes de vós”.

Mateus 5,38-48

Amor

Ouvistes que foi dito: *Olho por olho e dente por dente.* Pois eu vos digo: Não resistais ao malvado. Se alguém te bater na face direita, oferece-lhe também a outra. E se alguém quiser te processar para tirar-te a túnica, deixa-lhe também o manto. Se alguém te obrigar a carregar-lhe a mochila por um quilômetro, leva-a por dois. Dá a quem te pede e não voltes as costas ao que deseja um empréstimo.

Ouvistes que foi dito: *Amarás teu próximo* e odiarás teu inimigo. Pois eu vos digo: Amai vossos inimigos e orai pelos que vos perseguem, para serdes filhos de vosso Pai que está nos céus. Porque ele faz nascer o sol para bons e maus, e chover sobre justos e injustos. Pois se amais somente os que vos amam, que recompensa tereis? Não o fazem também os cobradores de impostos? E se saudais apenas vossos irmãos, que fazeis de extraordinário? Não o fazem também os pagãos? Portanto, sede perfeitos como o vosso Pai celeste é perfeito.

Mateus 6,25-34

Não se preocupem!

Por isso vos digo: Não vos preocupeis com vossa vida, com o que comereis, nem com o corpo, com o que vestireis. Não será a vida mais do que o alimento e o corpo mais do que as vestes? Olhai os pássaros do céu: não semeiam, nem colhem, nem guardam em celeiros, mas o Pai celeste os alimenta. E vós não valeis muito mais do que eles? Quem de vós, com suas preocupações, pode aumentar a duração de sua vida de um momento sequer? E por que vos preocupais com as vestes? Observai como crescem os lírios do campo: não trabalham nem fiam. Mas eu vos digo que nem Salomão com toda a sua glória se vestiu como um deles. Se Deus veste assim a erva do campo, que hoje cresce e amanhã será lançada ao fogo, quanto mais a vós, gente de pouca fé!

Por isso não vos preocupeis, dizendo: "O que vamos comer? O que vamos beber? Com que nos vamos vestir?" São os pagãos que se preocupam com tudo isso. Ora, vosso Pai celeste sabe que necessitais de tudo isso. Buscai, pois, em primeiro lugar o reino de Deus e sua justiça e todas estas coisas vos serão dadas de acréscimo. Não vos preocupeis com o dia de amanhã. O dia de amanhã terá suas próprias dificuldades. A cada dia basta o seu peso.

Mateus 11,25-30

Um convite aos fatigados

Naquela ocasião, Jesus tomou a palavra e disse: "Eu te louvo, Pai, Senhor do céu e da terra, porque escondeste estas coisas aos sábios e entendidos e as revelaste aos pequeninos. Sim, Pai, porque assim foi do teu agrado. Tudo me foi entregue por meu Pai. Ninguém conhece o Filho senão o Pai, e ninguém conhece o Pai senão o Filho e aquele a quem o Filho o quiser revelar.

Vinde a mim vós todos, que estais cansados e sobrecarregados, e eu vos darei descanso. Tomai sobre vós o meu jugo e aprendei de mim, que sou manso e humilde de coração, e *achareis descanso para vossas almas.* Pois meu jugo é suave e meu peso é leve".

Mateus 13,44-46

Um tesouro escondido

O reino dos céus é semelhante a um tesouro escondido num campo. Quem o encontra esconde-o de novo e, cheio de alegria, vai vender tudo o que tem e compra o campo.

Uma pérola preciosa

O reino dos céus é também semelhante a um comerciante à procura de boas pérolas. Achando uma preciosa, vende tudo o que tem e a compra.

Marcos

Este é o mais antigo, mais curto e mais sucinto dos Evangelhos, por isso vou usá-lo para delinear a história da vida de Jesus, começando não com seu nascimento, mas com seu "precursor", João Batista, e o batismo do próprio Jesus. Continuamos com um dos milagres de cura operados por Jesus; o momento em que os discípulos confessam abertamente acreditar que ele é o "Messias", o Cristo, enviado por Deus; e a transfiguração, que confirmou essa verdade em seus corações. Passamos então à última ceia, à traição no Jardim do Getsêmani, à simulação de julgamento e à crucificação. Concluímos os extratos deste Evangelho com o brevíssimo, mas convincente relato que Marcos faz da manhã da ressurreição.

A pregação de João Batista

Início do Evangelho de Jesus Cristo, Filho de Deus. Como está escrito no profeta Isaías: *Eis que eu envio o meu mensageiro à tua frente; ele preparará o teu caminho. Voz de quem clama no deserto: preparai o caminho do Senhor, endireitai as suas estradas.* Assim apareceu João no deserto, batizando e pregando um batismo de conversão para o perdão dos pecados. Vinham procurá-lo toda a região da Judeia e todos os habitantes de Jerusalém. Confessavam os seus pecados e por ele eram batizados no rio Jordão.

João usava roupas feitas de pelos de camelo, um cinto de couro na cintura e comia gafanhotos e mel silvestre. E pregava dizendo: "Depois de mim vem um mais forte do que eu. Diante dele nem sou digno de abaixar-me e desatar a correia das suas sandálias. Eu vos batizei em água, ele vos batizará no Espírito Santo".

O batismo de Jesus

Naqueles dias, Jesus veio de Nazaré da Galileia e foi batizado por João no Jordão. E logo que

Jesus saiu da água, viu os céus abertos e o Espírito descendo sobre ele como uma pomba. E do céu uma voz dizia: "Tu és o meu Filho amado, de ti eu me agrado".

Jesus e satanás

Logo depois, o Espírito o levou para o deserto. Esteve no deserto quarenta dias, sendo tentado por satanás. Vivia com os animais selvagens e os anjos o serviam.

Jesus inicia sua obra

Depois de João ter sido preso, Jesus veio para a Galileia. Pregava o Evangelho de Deus, dizendo: "Completou-se o tempo, e o reino de Deus está próximo. Convertei-vos e crede no Evangelho".

Marcos 2,1-12

Jesus cura um paralítico

Alguns dias depois, Jesus entrou novamente em Cafarnaum, e souberam que ele estava em casa. Reuniu-se tanta gente que nem mesmo em frente à porta havia lugar para todos. E

Jesus lhes anunciava a palavra. Trouxeram-lhe um paralítico, carregado por quatro homens. Como não podiam levá-lo até Jesus, por causa da multidão, descobriram o teto no lugar em que ele se achava, e pela abertura desceram a maca em que estava deitado o paralítico. Ao ver a fé deles, Jesus disse ao paralítico: "Filho, os teus pecados estão perdoados". Ora, estavam sentados ali alguns escribas, pensando consigo mesmos: "Como este homem pode falar assim? Ele blasfema! Quem pode perdoar pecados senão só Deus?" Mas Jesus percebeu logo em seu espírito os pensamentos deles e disse: "Por que estais pensando assim? O que é mais fácil dizer ao paralítico: 'teus pecados estão perdoados' ou dizer: 'levanta-te, toma a tua maca e anda'? Pois bem, para que saibais que o Filho do homem tem na terra poder de perdoar os pecados – disse ao paralítico – eu te digo: levanta-te, toma a tua maca e vai para casa". Ele se levantou, pegou logo a sua maca e saiu à vista de todos. Todos se espantaram e se puseram a louvar a Deus, dizendo: "Nunca vimos coisa igual!"

Marcos 8,27-30

Quem é Jesus?

Jesus ia com os discípulos para os povoados de Cesareia de Filipe e no caminho lhes perguntou: "Quem as pessoas dizem que eu sou?" Eles lhe responderam: "Alguns dizem que és João Batista; outros, Elias; outros, ainda, um dos profetas". Então Jesus perguntou-lhes: "E vós, quem dizeis que eu sou?" Pedro respondeu: "Tu és o Cristo". E proibiu-lhes severamente falar sobre ele a quem quer que fosse.

Marcos 9,2-10

A verdadeira glória de Jesus

Seis dias depois, Jesus tomou consigo Pedro, Tiago e João e os levou a sós para um monte alto e afastado. E transfigurou-se diante deles. Suas vestes ficaram brilhantes e tão brancas como nenhuma lavadeira do mundo as pode branquear. Apareceram-lhes Elias e Moisés conversando com Jesus. Pedro tomou a palavra e disse a Jesus: "Mestre, é bom estarmos aqui! Vamos levantar três tendas: uma para ti, uma para Moisés e uma para Elias". É que não sabia o que dizer, pois eles estavam com muito medo. Formou-se então uma nuvem que os envolveu. E da nuvem uma voz se fez ouvir: "Este é o meu Filho amado, escutai-o". De repente, eles olharam ao redor e não viram mais ninguém, a não ser Jesus com eles. Ao descerem do monte, Jesus proibiu-lhes contar a quem quer que fosse o que tinham visto, antes de o Filho do homem ter ressuscitado dos mortos. Eles guardaram a recomendação, mas discutiam entre si o que significaria "ressuscitar dos mortos".

Marcos 14,17-50

A noite da traição

Chegada a tarde, Jesus dirigiu-se para lá com os Doze. Enquanto estavam à mesa e comiam, Jesus disse: "Eu vos asseguro: um de vós, *que come comigo*, há de me entregar". Começaram a ficar tristes, e um depois do outro lhe perguntou: "Por acaso serei eu?" Jesus respondeu-lhes: "É um dos Doze, que põe comigo a mão no prato. Na verdade, o Filho do homem segue o seu caminho como dele está escrito; mas ai daquele por quem o Filho do homem for traído! Melhor seria para esse homem não ter nascido".

A ceia do Senhor

Enquanto comiam, Jesus tomou um pão e pronunciou a bênção. Depois partiu o pão e deu-lhes, dizendo: "Tomai, isto é o meu corpo". Em seguida, tomando um cálice, depois de dar graças, entregou-lhes, e todos beberam. Ele lhes disse: "Isto é o meu sangue da Aliança, derramado por muitos. Eu vos asseguro: Já não beberei do fruto da videira até o dia em que beberei vinho novo no reino de Deus".

Depois de terem cantado os salmos, saíram para o monte das Oliveiras.

A promessa de Pedro

Jesus lhes disse: "Todos ficareis decepcionados comigo, porque está escrito: *Ferirei o pastor e as ovelhas se dispersarão.* Mas, depois de ressuscitar, irei à vossa frente para a Galileia". Pedro, porém, lhe disse: "Ainda que todos fiquem decepcionados contigo, eu nunca". Jesus lhe disse: "Eu te asseguro que hoje, nesta mesma noite, antes que o galo cante pela segunda vez, já me terás negado três vezes". Mas Pedro repetia com maior insistência: "Ainda que eu tenha de morrer contigo, não te negarei". E todos diziam o mesmo.

Jesus ora

Chegaram a um sítio chamado Getsêmani e Jesus disse a seus discípulos: "Sentai-vos aqui enquanto vou orar". Levou consigo Pedro, Tiago e João, e começou a sentir medo e angústia, e lhes disse: "Minha alma está triste até à morte. Ficai aqui e vigiai". Adiantou-se um pouco, caiu por terra e pedia que, se fosse possível, passasse dele aquela hora. Ele dizia: "*Abba*, Pai, tudo te é possível: afasta de mim este cálice, mas não seja o que eu quero, senão o que tu queres". Voltou e encontrou os discípulos dormindo e disse a Pedro: "Simão, dormes? Não foste capaz de vigiar uma hora? Vigiai e orai para não cairdes em tentação. O espírito está pronto, mas a carne é fraca". Afastou-se de novo e orou dizendo as mesmas palavras. Voltou outra vez e achou-os dormindo, porque tinham os olhos pesados de sono; eles não sabiam o que responder. Voltou pela terceira vez e disse-lhes: "Dormi agora e descansai... Basta! Chegou a hora. O Filho do homem será entregue às mãos dos pecadores. Levantai-vos! Vamos! Já se aproxima quem me vai entregar".

Jesus é preso

Jesus ainda estava falando, quando chegou Judas, um dos Doze, junto com um bando armado de espadas e cacetes, enviado pelos sumos sacerdotes, escribas e anciãos. O traidor lhes tinha dado esta senha: "Aquele a quem eu beijar é Jesus; prendei-o e levai-o com cuidado". Tão logo chegou, Judas aproximou-se de Jesus e disse: "Mestre!" E o beijou. Eles agarraram Jesus e o prenderam. Um dos presentes tirou da espada, feriu o escravo do sumo sacerdote, decepando-lhe a orelha. Mas Jesus tomou a palavra e lhes disse: "Saístes para prender-me como se eu fosse um ladrão, com espadas e cacetes? Todos os dias estava convosco, ensinando no Templo, e não me prendestes. Mas isso aconteceu para que se cumprissem as Escrituras". Então todos o abandonaram e fugiram.

Marcos 15,25-39

A crucificação

Eram nove horas da manhã quando o crucificaram. A inscrição com o motivo de sua condenação dizia: O rei dos judeus.

Com ele crucificaram dois bandidos: um à direita e outro à esquerda. Os que passavam o injuriavam e, *balançando a cabeça*, diziam: "Ah! tu, que destróis o Santuário e o reconstróis em três dias, salva-te agora descendo da cruz". Do mesmo modo os sumos sacerdotes com os escribas caçoavam dele, dizendo: "Ele salvou os outros, a si mesmo não pode salvar. O Cristo, o rei de Israel! Desça agora da cruz para que vejamos e acreditemos". Também os que foram crucificados com ele o insultavam.

A morte de Jesus

Chegando o meio-dia, toda a região ficou coberta de escuridão, até às três da tarde. Pelas três da tarde, Jesus gritou com voz forte: *Eloí Eloí, lemá sabachthani!* O que quer dizer: Meu Deus, meu Deus, por que me abandonaste? Alguns dos que ali estavam ouviram isso e diziam: "Vede! Ele está chamando Elias". Um deles foi correndo embeber uma esponja em vinagre, colocou-a na ponta de uma vara e deu-lhe de beber, dizendo: "Deixai, vejamos se Elias vem tirá-lo da cruz".

Mas Jesus deu um forte grito e expirou. A cortina do Santuário rasgou-se de alto a baixo, em duas partes. O oficial romano, que estava diante dele, vendo-o morrer assim, disse: "Verdadeiramente, este homem era Filho de Deus".

Marcos 16,1-7

Jesus está vivo

Passado o sábado, Maria Madalena, Maria, mãe de Tiago, e Salomé compraram aromas para ungir Jesus. De manhã cedo, no primeiro dia depois do sábado, ao nascer do sol, elas foram ao túmulo. Diziam entre si: "Quem nos vai remover a pedra da entrada do túmulo?" Mas, quando olharam, viram a pedra removida; e era uma pedra muito grande. Entrando no túmulo, viram um jovem sentado à direita, vestido de branco, e se assustaram. Ele lhes falou: "Não vos assusteis! Estais procurando Jesus de Nazaré, que foi crucificado. Ele ressuscitou; não está aqui. Vede o lugar em que o puseram. Mas ide dizer aos discípulos e a Pedro que ele irá à frente de vós para a Galileia. Lá o vereis como ele vos disse".

Lucas

Este Evangelho foi escrito, com quase toda a certeza, por um amigo e companheiro do apóstolo Paulo, um "médico" chamado Lucas. Era um pagão instruído da Ásia Menor (atual Turquia) e escreveu num grego elegante e fluente. Lucas é um contador de histórias particularmente dotado e é a ele que se devem narrativas maravilhosas como a do "Bom samaritano" e a do "Filho pródigo", esta última incluída nestes extratos do livro. Teve também o grande zelo de registrar a preocupação de Jesus com as pessoas pobres, desprezadas ou marginalizadas da sociedade daquele tempo: os desprezados samaritanos, por exemplo, ou os odiados "cobradores de impostos", ou os "leprosos", ou as mulheres das ruas..., ou, na verdade, as mulheres em geral, que eram consideradas essencialmente cidadãs de segunda classe. De muitas maneiras, embora fosse um homem de seu tempo, Jesus esteve também "à frente de seu tempo"!

Entre os outros extratos aqui incluídos estão a tentação de Jesus no deserto, Jesus na cruz perdoando seus carrascos e um ladrão arrependido, e duas histórias extraordinárias de suas aparições aos discípulos após sua ressurreição.

Começamos, porém, com a encantadora história do nascimento de Jesus, cujos detalhes Lucas provavelmente obteve de Maria, que, após a morte de Jesus, foi viver com João na Ásia Menor.

Lucas 1,26-38

Um anjo fala do nascimento de Jesus

No sexto mês, o anjo Gabriel foi enviado da parte de Deus para uma cidade da Galileia, chamada Nazaré, a uma virgem, prometida em casamento a um homem, chamado José, da casa de Davi. O nome da virgem era Maria. Entrando onde ela estava, o anjo lhe disse: "Alegra-te, cheia de graça, o Senhor está contigo!" Ao ouvir as palavras, ela se perturbou e refletia no que poderia significar a saudação. Mas o anjo lhe falou: "Não tenhas medo, Maria, porque encontraste graça diante de Deus. Eis que conceberás e darás à luz um filho e lhe porás o nome de Jesus. Ele será grande e será chamado Filho do Altíssimo. O Senhor Deus lhe dará o trono de Davi, seu pai. Ele reinará na casa de Jacó pelos séculos e seu reino não terá fim".

Maria perguntou ao anjo: "Como acontecerá isso, pois não conheço homem?" Em resposta o anjo lhe disse: "O Espírito Santo virá sobre ti e o poder do Altíssimo te cobrirá com sua sombra; é por isso que o menino santo que vai nascer será chamado Filho de Deus. Até Isabel, tua parenta, concebeu um filho em sua velhice, e este é o sexto mês daquela que era considerada estéril, *porque para Deus nada é impossível*".

Disse então Maria: "Eis aqui a serva do Senhor. Aconteça comigo segundo tua palavra!" E dela se afastou o anjo.

Lucas 2,1-19

O nascimento de Jesus

Naqueles dias saiu um decreto do imperador Augusto, ordenando o recenseamento do mundo inteiro. Este foi o primeiro recenseamento no governo de Quirino na Síria. Todos iam registrar-se, cada um em sua cidade. Também José subiu da Galileia, da cidade de Nazaré, para a Judeia, à cidade de Davi, chamada Belém, porque era da família e da descendência de Davi, para se registrar com Maria, sua esposa, que estava grávida. Estando eles ali, completaram-se os dias para o parto, e ela deu à luz o seu filho primogênito. Envolveu-o em panos e o deitou numa manjedoura, por não haver lugar na sala dos hóspedes.

Os pastores

Naquela mesma região havia uns pastores no campo, vigiando à noite o rebanho. Um anjo do Senhor apresentou-se diante deles e a glória do Senhor os envolveu de luz, ficando eles muito assustados. O anjo lhes disse: "Não temais, pois vos anuncio uma grande alegria, que é para todo o povo: Nasceu-vos hoje, na cidade de Davi, um Salvador, que é Cristo Senhor. Este será o sinal: encontrareis o menino envolto em panos e deitado numa manjedoura". Imediatamente juntou-se ao anjo uma multidão do exército celeste, que louvava a Deus, dizendo: "Glória a Deus nas alturas e paz na terra aos homens por ele amados".

Assim que os anjos se foram para o céu, os pastores disseram uns aos outros: "Vamos até Belém, para ver o acontecimento que o Senhor nos deu a conhecer". Foram depressa e encontraram Maria, José e o menino deitado numa manjedoura. Vendo-o, contaram as coisas que lhes foram ditas sobre o menino. Todos que ouviam isto, maravilhavam-se do que lhes diziam os pastores.

Maria conservava todas essas coisas, meditando-as em seu coração.

Lucas 4,1-13

A tentação de Jesus

Cheio do Espírito Santo, Jesus voltou do rio Jordão e foi levado pelo Espírito para o deserto, onde foi tentado pelo diabo durante quarenta dias. Não comeu nada nestes dias e, terminado esse tempo, teve fome. O diabo, então, lhe disse: "Se és Filho de Deus, manda que esta pedra se transforme em pão". Jesus lhe respondeu: "Está escrito: *Não é só de pão que vive o ser humano*".

Levando-o para o alto, o diabo mostrou-lhe, num instante, todos os reinos do mundo e disse: "Eu te darei o poder e a glória de todos estes reinos, porque a mim foram confiados e eu dou a quem quiser. Se te prostrares, pois, diante de mim, tudo será teu". Jesus lhe respondeu: "Está escrito: *Adorarás ao Senhor teu Deus e só a ele servirás*". O diabo o levou ainda para Jerusalém, colocou-o no ponto mais alto do Templo e lhe disse: "Se és Filho de Deus, joga-te daqui para baixo, porque está escrito: *A teu respeito ordenou a seus anjos que te guardem.* E ainda: *Eles te carregarão nas mãos para não tropeçares em alguma pedra*". Em resposta Jesus disse: "Está escrito: *Não tentarás o Senhor teu Deus*". E tendo terminado toda espécie de tentação, o diabo se afastou dele até o momento oportuno.

Lucas 15,11-32

A história dos dois filhos

E acrescentou: "Um homem tinha dois filhos. O mais jovem disse ao pai: 'Pai, dá-me a parte da herança que me cabe'. E o pai dividiu os bens entre eles. Depois de alguns dias, o filho mais jovem juntou tudo e partiu para uma terra distante. Lá dissipou os seus bens numa vida desregrada. Depois de gastar tudo, houve grande fome naquela terra e ele começou a passar necessidade. Ele foi pôr-se ao serviço de um dos cidadãos daquela terra, que o mandou para os seus campos cuidar dos porcos. Desejava encher o estômago com o que os porcos comiam, mas ninguém lho dava. Caindo em si, disse: 'Quantos empregados do meu pai têm pão em abundância, e eu aqui morro de fome! Vou partir em busca de meu pai e lhe direi: Pai, pequei contra Deus e contra ti. Já não sou digno de ser chamado teu filho. Trata-me como um dos teus empregados'. Então se levantou e voltou para a casa do pai. Ainda longe, o pai o viu e ficou comovido. Correu-lhe ao encontro e o abraçou, cobrindo-o de beijos. O filho, então, lhe disse: 'Pai, pequei contra Deus e contra ti. Já não sou digno de ser chamado teu filho'. Mas o pai falou para os escravos: 'Trazei depressa e vesti nele a túnica mais preciosa, ponde-lhe um anel no dedo e sandálias nos pés. Trazei um bezerro bem gordo e matai-o. Vamos comer e nos alegrar, porque este meu filho estava morto e voltou à vida, estava perdido e foi encontrado'. E começaram a festa.

O irmão mais velho

O filho mais velho estava no campo. Ao voltar, quando se aproximava da casa, ouviu a música e as danças. Chamando um dos criados, perguntou do que se tratava. O criado respondeu: 'Teu irmão voltou, e teu pai mandou matar o bezerro gordo porque o recuperou são e salvo'. Ele ficou indignado e não queria entrar. Então o pai saiu e insistiu que entrasse.

Mas ele respondeu ao pai: 'Há tantos anos eu trabalho para ti, sem nunca desobedecer uma ordem tua, e nunca me deste sequer um cabrito para festejar com os meus amigos. E agora que voltou este teu filho, que devorou tua fortuna com prostitutas, matas para ele o bezerro gordo'. O pai lhe explicou: 'Filho, tu estás sempre comigo e tudo o que é meu é teu. Mas era preciso fazer festa e alegrar-se, porque este teu irmão estava morto e voltou à vida; tinha-se perdido e foi encontrado'".

Lucas 23,32-43

Jesus na cruz

Levavam também outros dois criminosos para serem executados com ele.

Quando chegaram ao lugar chamado "A Caveira", ali crucificaram Jesus e os dois criminosos, um à direita e o outro à esquerda. Jesus dizia: "Pai, perdoa-lhes porque não sabem o que fazem". Depois, repartiram as vestes de Jesus, tirando a sorte. O povo permanecia lá e observava. Os sumos sacerdotes zombavam de Jesus, dizendo: "Ele salvou os outros; se for o Cristo de Deus, o Eleito, salve-se a si mesmo". Também os soldados aproximavam-se para oferecer-lhe vinagre e zombavam, dizendo: "Se tu és o rei dos judeus, salva-te a ti mesmo". Pois havia também uma inscrição acima dele: "Este é o rei dos judeus".

Um dos criminosos crucificados insultava-o, dizendo: "Não és tu o Cristo? Salva-te a ti mesmo e a nós". O outro, porém, o repreendeu, dizendo: "Nem tu, que estás sofrendo a mesma condenação, temes a Deus? Nós sofremos com justiça porque recebemos o castigo merecido pelo que fizemos, mas este nada fez de mal". E falou: "Jesus, lembra-te de mim quando vieres como Rei". E Jesus lhe respondeu: "Eu te asseguro: ainda hoje estarás comigo no paraíso".

Dia da Páscoa: Jesus aparece a dois discípulos

Nesse mesmo dia, dois dos discípulos estavam a caminho de um povoado, chamado Emaús, distante uns doze quilômetros de Jerusalém. Eles conversavam sobre todos estes acontecimentos. Enquanto conversavam e discutiam, o próprio Jesus se aproximou e pôs-se a acompanhá-los. Seus olhos, porém, estavam como que vendados e não o reconheceram. Perguntou-lhes então: "Que conversa é essa que tendes entre vós pelo caminho?" Tristes eles pararam. Tomando a palavra um deles, de nome Cléofas, respondeu: "Tu és o único peregrino em Jerusalém que ainda não sabe o que aconteceu lá nestes dias?" Ele perguntou: "O que foi?" Eles disseram: "A respeito de Jesus de Nazaré que tornou-se um profeta poderoso em obras e palavras diante de Deus e de todo o povo. Nossos sumos sacerdotes e nossos chefes o entregaram para ser condenado à morte e crucificado. Nós esperávamos que fosse ele quem iria libertar Israel. Agora, porém, além de tudo, já passaram três dias desde que essas coisas aconteceram. É verdade que algumas de nossas mulheres nos assustaram. Elas tinham ido de madrugada ao túmulo e não encontraram o corpo. Voltaram dizendo que tinham tido uma aparição de anjos e que estes afirmaram estar ele vivo. Alguns dos nossos foram ao túmulo, acharam tudo como as mulheres tinham dito; mas não o viram".

E Jesus lhes disse: "Ó homens sem inteligência e de coração lento para crer o que os Profetas falaram. Não era necessário que o Cristo sofresse tudo isso para entrar na sua glória?" E, começando por Moisés e por todos os Profetas, foi explicando tudo que a ele se referia em todas as Escrituras. Quando se aproximaram do povoado para onde iam, Jesus fez menção de seguir adiante. Mas eles o obrigaram a parar: "Fica conosco, pois é tarde e o dia já está terminando". Ele entrou para ficar com eles.

E aconteceu que, enquanto estava com eles à mesa, tomou o pão, rezou a bênção, partiu-o e lhes deu. Então, abriram-se os olhos deles e o reconheceram, mas ele desapareceu. Disseram então um para o outro: "Não nos ardia o coração quando pelo caminho nos falava e explicava as Escrituras?" Na mesma hora se levantaram e voltaram para Jerusalém. Lá encontraram reunidos os Onze e seus companheiros, que lhes disseram: "O Senhor ressuscitou de verdade e apareceu a Simão". Eles também começaram a contar o que tinha acontecido no caminho e como o reconheceram ao partir o pão.

Jesus aparece a todos os discípulos

Enquanto falavam, Jesus apresentou-se no meio deles e disse: "A paz esteja convosco". Assustados e cheios de medo, julgavam estar vendo um espírito. Mas ele lhes disse: "Por que estais perturbados e por que estas dúvidas em vossos corações? Vede minhas mãos e pés; sou eu mesmo! Tocai-me e vede: um espírito não tem carne nem ossos como eu tenho". Dizendo isso, mostrou-lhes as mãos e os pés.

João

O Evangelho de João é diferente dos outros três no estilo, na abordagem e, em certos aspectos, no conteúdo. Parece-se mais com uma "memória" pessoal escrita por um amigo íntimo, muito tempo depois do acontecimento. Mostra, sem dúvida, o forte impacto causado por Jesus sobre os que o conheceram melhor. Nossa seleção inclui dois milagres (João os chama de "sinais") – a mudança da água em vinho e a alimentação de cinco mil pessoas com alguns pãezinhos e alguns peixes (o único milagre registrado em todos os quatro Evangelhos). Incluí o incidente da mulher surpreendida em adultério, embora esta história possa ser encontrada originalmente em Lucas, e algumas das maravilhosas instruções dadas por Jesus na ceia realizada no cenáculo na noite em que foi traído. Terminamos com a comovente história do encontro entre Maria Madalena e Jesus ressuscitado no jardim da ressurreição. Nosso primeiro extrato, porém, é o "prólogo", em que Jesus é descrito como a "Palavra" (ou "Explicação") de Deus.

João 1,1-18

A palavra de vida

No princípio era a Palavra e a Palavra estava com Deus, e a Palavra era Deus. No princípio ela estava com Deus. Todas as coisas foram feitas por meio dela e sem ela nada se fez do que foi feito. Nela estava a vida, e a vida era a luz dos seres humanos. A luz brilha nas trevas, mas as trevas não a compreenderam.

Houve um homem enviado por Deus, de nome João. Ele veio como testemunha, para dar testemunho da luz, a fim de que todos cressem por meio dele. Ele não era a luz, mas veio para dar testemunho da luz. Era esta a luz verdadeira que, vindo ao mundo, ilumina todas as pessoas. Ela estava no mundo, e por ela o mundo foi feito, mas o mundo não a conheceu. Veio para o que era seu, mas os seus não a receberam. Mas a todos que a receberam, aos que creem em seu nome, deu o poder de se tornarem filhos de Deus; estes não nasceram do sangue, nem da vontade da carne, nem da vontade do homem, mas de Deus.

E a Palavra se fez carne e habitou entre nós; vimos a sua glória, a glória de Filho único do Pai, cheio de graça e verdade. João dá testemunho dele e clama: "Este é aquele de quem vos disse: O que vem depois de mim passou adiante de mim, porque existia antes de mim". Pois da sua plenitude todos nós recebemos graça sobre graça. Porque a Lei foi dada por meio de Moisés, a graça e a verdade vieram por Jesus Cristo. Ninguém jamais viu a Deus. O Filho único de Deus, que está junto ao Pai, foi quem no-lo deu a conhecer.

João 2,1-11

Jesus num casamento em Caná

No terceiro dia houve um casamento em Caná da Galileia, e a mãe de Jesus estava presente. Jesus e os discípulos também foram convidados para esse casamento. Tendo acabado o vinho, a mãe de Jesus lhe disse: "Eles não têm mais vinho". Jesus respondeu: "Mulher, o que temos nós a ver com isso? Ainda não chegou a minha hora".

Sua mãe disse aos que estavam servindo: "Fazei tudo o que ele vos disser".

Havia ali seis talhas de pedra para as purificações dos judeus. Em cada uma cabiam duas ou três medidas. Jesus disse: "Enchei de água as talhas". Eles encheram-nas até a borda. Então Jesus disse: "Tirai agora um pouco e levai ao organizador da festa". Eles levaram. Logo que o organizador da festa provou da água transformada em vinho – ele não sabia de onde vinha, embora o soubessem os serventes que tinham tirado a água – chamou o noivo e lhe disse: "Todos servem primeiro o vinho bom e quando já estão embriagados servem o de qualidade inferior. Tu guardaste o vinho bom até agora". Este foi o início dos sinais de Jesus, em Caná da Galileia. Ele manifestou a sua glória, e os discípulos creram nele.

João 6,1-21.24-35

Alimentando cinco mil pessoas

Depois, Jesus partiu para o outro lado do mar da Galileia, isto é, de Tiberíades. Era acompanhado de grande multidão, pois viam os sinais que fazia com os enfermos. Jesus subiu ao monte e sentou-se ali com os discípulos. Estava próxima a Páscoa, a festa dos judeus. Jesus levantou os olhos e, ao ver a grande multidão que vinha ter com ele, disse a Filipe: "Onde compraremos pão para dar-lhes de comer?" Dizia isto para experimentá-lo, pois bem sabia o que ia fazer. Filipe respondeu: "Nem duzentas moedas de prata seriam suficientes para cada um receber um pedacinho de pão".

Um dos discípulos chamado André, irmão de Simão Pedro, disse: "Está aqui um menino que tem cinco pães de cevada e dois peixes. Mas o que é isso para tanta gente?" Disse Jesus: "Fazei todos sentar-se no chão". Havia naquele lugar muita grama. Sentaram-se, pois, os homens em número de uns cinco mil. Então Jesus tomou os pães, deu graças e deu-os aos que estavam sentados. Fez o mesmo com os peixes, dando-lhes o quanto queriam. Depois de saciados, disse aos discípulos: "Recolhei os pedaços que sobraram, para não se perderem". Eles os recolheram e encheram doze cestos de pedaços que sobraram dos cinco pães de cevada.

Vendo o sinal que Jesus tinha realizado, aquela gente dizia: "Na verdade, este é o profeta que há de vir ao mundo". Percebendo Jesus que pretendiam levá-lo à força para fazê-lo rei, retirou-se de novo, sozinho, para o monte.

Jesus anda sobre a água

Chegada a tarde, os discípulos desceram até o mar. Entraram num barco e dirigiram-se para o outro lado, rumo a Cafarnaum. Já escurecia e Jesus ainda não tinha se juntado a eles. O mar estava agitado, por causa do vento forte que soprava. Tinham navegado uns cinco ou seis quilômetros, quando viram Jesus caminhando sobre o mar e aproximar-se do barco. Eles ficaram com medo, mas Jesus lhes disse: "Sou eu, não tenhais medo!" Queriam recebê-lo no barco, mas imediatamente o barco encostou na margem à qual se dirigiam.

O pão que dá vida

Quando a multidão percebeu que nem Jesus, nem os discípulos estavam ali, entraram nos barcos e foram a Cafarnaum, à procura de Jesus.

Ao encontrar Jesus na outra margem, perguntaram: "Mestre, quando chegaste aqui?" Jesus respondeu: “Na verdade eu vos digo: vós me procurais, não porque vistes os sinais, mas porque comestes o pão e ficastes saciados. Esforçai-vos, não pelo alimento que se estraga, e sim pelo alimento que permanece até à vida eterna. É este o alimento que o Filho do homem vos dará, porque Deus Pai o marcou com seu selo”. Então lhe perguntaram: “O que devemos fazer para trabalhar nas obras de Deus?” Jesus respondeu: “A obra de Deus é que acrediteis naquele que ele enviou”.

Então lhe perguntaram: “Mas tu, que sinal fazes para que vejamos e acreditemos em ti? Qual é a tua obra? Nossos pais comeram o maná no deserto, como está escrito: *Deu-lhes para comer pão do céu*”. Jesus lhes respondeu: “Na verdade eu vos digo: não foi Moisés que vos deu o pão do céu. Meu Pai é que vos dá o verdadeiro pão do céu, pois o pão de Deus é aquele que desce do céu e dá vida ao mundo”. Disseram-lhe então: “Senhor, dá-nos sempre desse pão”.

Jesus respondeu: “Eu sou o pão da vida. Quem vem a mim já não terá fome, e quem crê em mim jamais terá sede”.

João 8,2-11

A mulher apanhada em adultério

De manhã, voltou para o Templo. Todo o povo se juntou em torno dele. E ele, sentado, pôs-se a ensinar. Então os escribas e fariseus trouxeram uma mulher apanhada em adultério, colocaram-na no meio do círculo e disseram a Jesus: "Mestre, esta mulher foi surpreendida em flagrante adultério. Na Lei, Moisés nos manda apedrejar as adúlteras; mas tu o que dizes?" Perguntavam isto para testá-lo, a fim de terem do que o acusar. Jesus, porém, inclinou-se e começou a escrever com o dedo no chão. Como insistissem em perguntar, ergueu-se e lhes disse: "Aquele de vós que estiver sem pecado atire-lhe a primeira pedra". E, inclinando-se de novo, continuou a escrever no chão. Ao ouvirem isto, foram saindo um a um, a começar pelos mais velhos. Jesus ficou só, com a mulher que permanecia ali no meio. Erguendo-se, disse para a mulher: "Mulher, onde estão eles? Ninguém te condenou?" Ela respondeu: "Ninguém, Senhor". Jesus lhe disse: "Nem eu te condeno. Vai, e de agora em diante não peques".

João 10,1-16

Uma história sobre as ovelhas

"Na verdade eu vos digo: quem não entra pela porta do curral das ovelhas, mas sobe por outro lugar, é ladrão e assaltante. Quem entra pela porta é o pastor das ovelhas. Para este o porteiro abre a porta, e as ovelhas ouvem a sua voz. Ele chama as ovelhas que lhe pertencem pelo nome e as leva para fora. Depois de fazer sair todas, vai na frente, e elas o seguem porque conhecem a sua voz. Não seguem o estranho, mas fogem dele, pois não conhecem a voz do estranho."

Jesus falou de modo figurado, e eles não entenderam o que queria dizer.

Jesus é o bom pastor

Por isso Jesus continuou: "Na verdade eu vos digo: eu sou a porta das ovelhas. Todos que vieram antes de mim eram ladrões e assaltantes, mas as ovelhas não os ouviram. Eu sou a porta. Quem entrar por mim será salvo. Entrará e sairá e encontrará pastagem. O ladrão vem só para roubar, matar e destruir. Eu vim para que tenham vida e a tenham em abundância. Eu sou o bom pastor. O bom pastor dá a vida por suas ovelhas. O mercenário, que não é pastor, de quem não são as ovelhas, quando vê o lobo chegar, abandona as ovelhas e foge. Então o lobo ataca e dispersa as ovelhas. Assim age porque é mercenário e não se importa com as ovelhas. Eu sou o bom pastor. Conheço as minhas ovelhas e elas me conhecem, assim como o Pai me conhece e eu conheço o Pai. Eu dou minha vida pelas ovelhas. Possuo ainda outras ovelhas que não são deste curral. É preciso que eu as conduza; elas ouvirão minha voz, e haverá um só rebanho e um só pastor.

João 14,1-17

No cenáculo: Jesus é o caminho para o Pai

"Não se perturbe o vosso coração. Credes em Deus, crede também em mim. Na casa de meu Pai há muitas moradas. Se não fosse assim, eu vos teria dito, pois eu vou preparar-vos um lugar. Quando tiver ido e tiver preparado um lugar para vós, voltarei novamente e vos levarei comigo para que, onde eu estiver, estejais também vós. E vós conheceis o caminho para onde vou".

Tomé disse-lhe: "Senhor, não sabemos para onde vais, como podemos conhecer o caminho?"

Jesus respondeu: "Eu sou o caminho, a verdade e a vida. Ninguém vem ao Pai senão por mim. Se me conhecêsseis, conheceríeis também o meu Pai. Desde agora o conheceis e o tendes visto". Filipe disse-lhe: "Senhor, mostra-nos o Pai e isto nos basta". Jesus lhe disse: "Filipe, há tanto tempo estou convosco e não me conheces? Quem me viu, viu o Pai. Como podes dizer: mostra-nos o Pai? Não crês que eu estou no Pai e o Pai está em mim? As palavras que vos digo, não as digo por mim mesmo. O Pai que habita em mim é que realiza suas obras. Crede em mim: eu estou no Pai e o Pai em mim. Crede ao menos por causa dessas obras. Na verdade eu vos digo: quem crê em mim fará também as obras que eu faço. E fará maiores ainda do que essas, porque eu vou para o Pai. O que pedirdes em meu nome eu o farei, para que o Pai seja glorificado no Filho. Se me pedirdes alguma coisa em meu nome, eu o farei".

Promessa do Espírito Santo

Se me amais, guardareis meus mandamentos. Eu pedirei ao Pai, e ele vos dará outro Paráclito, que estará convosco para sempre. Ele é o Espírito da verdade, que o mundo não pode receber porque não o vê nem o conhece. Vós o conheceis porque permanece convosco e está em vós.

João 20,11-18

Manhã da Páscoa: Jesus aparece a Maria Madalena

Maria ficou do lado de fora, chorando junto ao sepulcro. Enquanto chorava, inclinou-se para o sepulcro e viu dois anjos vestidos de branco, sentados no lugar onde estivera o corpo de Jesus, um à cabeceira e outro aos pés. Eles perguntaram: "Mulher, por que choras?" Ela respondeu: "Porque levaram o Senhor e não sei onde o puseram". Depois de dizer isso, ela virou-se para trás e viu Jesus que ali estava, mas não o reconheceu. Jesus perguntou-lhe: "Mulher, por que choras? A quem procuras?" Crendo que era o jardineiro, ela disse: "Senhor, se foste tu que o levaste, dize-me onde o puseste e eu irei buscá-lo". Respondeu Jesus: "Maria". Ela virou-se e disse em hebraico: "*Rabuni*" – que quer dizer Mestre. Jesus disse: "Não me retenhas porque ainda não subi ao Pai. Vai aos meus irmãos e dize-lhes: Subo para meu Pai e vosso Pai, meu Deus e vosso Deus". Maria Madalena foi anunciar aos discípulos que tinha visto o Senhor. E contou o que Jesus tinha dito.

Atos dos Apóstolos

Este é o segundo livro de Lucas. Registra a história da Igreja nascente, desde o tempo da ressurreição de Jesus até seu estabelecimento em grande parte do mundo romano. Nossos extratos são o relato da ascensão de Jesus (sua volta ao Pai no céu) e o relato do dom especial do Espírito Santo aos apóstolos na festa de Pentecostes, quarenta dias depois. Por fim temos a dramática história da conversão de Saulo de Tarso (que teve o nome mudado para Paulo) no caminho de Damasco.

Atos 1,6-11

Jesus é levado para o céu

Assim reunidos, perguntavam-lhe: "Senhor, é agora que vais restabelecer o reino de Israel?" Jesus respondeu: "Não compete a vós saber os tempos nem os momentos que o Pai fixou em seu poder. Mas recebereis uma força, o Espírito Santo que virá sobre vós; e sereis minhas testemunhas em Jerusalém, em toda a Judeia e Samaria, até os confins da terra".

Dizendo isto, elevou-se à vista deles e uma nuvem o ocultou a seus olhos. Enquanto Jesus partia, eles estavam com os olhos fitos no céu. Nisso, dois homens vestidos de branco puseram-se diante deles e disseram: "Galileus, por que estais olhando para o céu? Esse Jesus, que foi elevado ao céu de vosso meio, voltará assim como o vistes subir para o céu".

Atos 2,1-24.31-42

A vinda do Espírito Santo

Chegando o dia de Pentecostes, estavam todos reunidos no mesmo lugar. De repente veio do céu um ruído, como de um vento impetuoso, que encheu toda a casa em que estavam sentados. Viram aparecer, então, uma espécie de línguas de fogo, que se repartiram e foram pousar sobre cada um deles. Todos ficaram cheios do Espírito Santo e começaram a falar em outras línguas, conforme o Espírito Santo lhes concedia que falassem.

Ora, em Jerusalém moravam judeus, homens piedosos, de todas as nações que há debaixo do céu. Ouvindo aquele ruído, acorreu muita gente e se maravilhava de que cada um os ouvisse falar em sua própria língua. Profundamente impressionados, manifestavam sua admiração e diziam: "Estes que estão falando não são todos galileus? Como, então, todos nós os ouvimos falar, cada um em nossa própria língua materna? Partos, medos, elamitas, os que habitam a Mesopotâmia, a Judeia, a Capadócia, o Ponto, a Ásia, a Frígia, a Panfília, o Egito e as províncias da Líbia, próximas de Cirene, peregrinos romanos, judeus ou convertidos ao judaísmo, cretenses e árabes – todos os ouvimos falar as grandezas de Deus em nossas próprias línguas. Atônitos e fora de si, diziam uns para os outros: "O que quer dizer isso?" Outros, zombando, diziam: "Eles estão cheios de vinho".

Pedro fala à multidão

Em companhia dos Onze, Pedro se pôs de pé e lhes falou em voz alta: "Vós judeus, e todos os habitantes de Jerusalém, ouvi com atenção minhas palavras. Eles não estão embriagados, como pensais. São apenas nove horas da manhã. Mas está acontecendo o que foi dito pelo profeta Joel: *Acontecerá nos últimos dias*, diz Deus, *que derramarei do meu Espírito sobre toda criatura humana. Vossos filhos e vossas filhas profetizarão, os jovens terão visões e os velhos terão sonhos. Sobre meus escravos e minhas escravas derramarei meu Espírito naqueles dias e eles profetizarão. Farei aparecer prodígios*, em cima, *no céu* e sinais, embaixo, *na terra: sangue, fogo e nuvens de fumaça. O sol se transformará em trevas e a lua em sangue, antes que chegue o grandioso e deslumbrante dia do Senhor. E quem invocar o nome do Senhor será salvo.*

Israelitas, escutai estas palavras: Jesus de Nazaré, homem de quem Deus deu testemunho diante de vós com milagres, prodígios e sinais, que Deus por ele realizou, como vós mesmos o sabeis, depois de ter sido entregue, segundo os desígnios da presciência de Deus, vós o crucificastes e o matastes por mãos dos ímpios. Mas Deus o ressuscitou, livrando-o das angústias da morte, pois não era possível que a morte o mantivesse em seu poder.

Ele previu e anunciou a ressurreição de Cristo, com as palavras: *Ele não foi abandonado na região dos mortos e sua carne não conheceu a corrupção.*

A este Jesus Deus ressuscitou, e disso todos nós somos testemunhas. Exaltado pela direita de Deus e recebida do Pai a promessa do Espírito Santo, ele o derramou sobre nós conforme vedes e ouvis. Porque Davi não subiu ao céu mas diz: *Disse o Senhor a meu Senhor: Senta-te à minha direita até que ponha teus inimigos como apoio de teus pés.*

Todo Israel saiba, portanto, com a maior certeza, que este Jesus, por vós crucificado, Deus o constituiu Senhor e Cristo".

Ao ouvirem isto, sentiram-se tocados no íntimo do coração e perguntaram a Pedro e aos outros apóstolos: "Irmãos, o que devemos fazer?" Pedro respondeu: "Arrependei-vos e cada um de vós seja batizado em nome de Jesus Cristo para o perdão dos pecados, e recebereis o dom do Espírito Santo. Pois a promessa é para vós, para vossos filhos e para todos os de longe que o Senhor nosso Deus chamar para si".

Com muitas outras palavras dava o seu testemunho e os exortava, dizendo: "Salvai-vos desta geração perversa". Os que acolheram a palavra de Pedro foram batizados. Naquele dia se converteram umas três mil pessoas.

Eles frequentavam com perseverança a doutrina dos apóstolos, as reuniões em comum, o partir do pão e as orações.

Atos 9,1-19

O caminho de Damasco

Saulo, porém, só respirava ameaças e morte contra os discípulos do Senhor. Apresentou-se ao sumo sacerdote e pediu-lhe cartas de recomendação para as sinagogas de Damasco, com o fim de trazer presos para Jerusalém todos os homens ou mulheres que encontrasse seguindo o Caminho (do Senhor). Durante a viagem, estando já perto de Damasco, foi envolvido de repente por uma luz vinda do céu. Caiu por terra e ouviu uma voz que lhe dizia: "Saulo, Saulo, por que me persegues?" Saulo respondeu: "Quem és, Senhor?" E ele: "Eu sou Jesus, a quem persegues. Levanta-te e entra na cidade; ali serás informado do que deves fazer". Os homens que o acompanhavam encheram-se de espanto, pois ouviam perfeitamente a voz, mas não viam ninguém. Saulo se levantou do chão e, embora tivesse os olhos abertos, não enxergava nada. Tomaram-no pela mão e o conduziram a Damasco. Ali ficou três dias sem ver, sem comer nem beber nada.

Havia em Damasco um discípulo chamado Ananias. Numa visão o Senhor lhe disse: "Ananias!" "Aqui estou, Senhor!" respondeu ele. O Senhor ordenou: "Vai à rua Direita e pergunta em casa de Judas por um homem de Tarso, chamado Saulo. Ele está orando". Saulo viu numa visão um homem chamado Ananias entrar e lhe impor as mãos para recuperar a vista. Ananias respondeu: "Senhor, muitos já me falaram deste homem, quanto mal ele já fez a teus fiéis em Jerusalém. E aqui ele tem poder dos sumos sacerdotes para prender todos que invocam o teu nome". Mas o Senhor lhe disse: "Vai, porque este homem é um instrumento que eu escolhi para levar meu nome diante das nações, dos reis e dos israelitas. Eu lhe mostrarei quanto deverá sofrer por meu nome".

Então Ananias foi, entrou na casa, impôs-lhe as mãos e disse: "Saulo, meu irmão, o Senhor, esse Jesus que te apareceu no caminho, enviou-me para que recuperes a vista e fiques cheio do Espírito Santo". No mesmo instante caíram-lhe dos olhos como que escamas e ele recuperou a vista. Levantou-se e foi batizado. Depois se alimentou e sentiu-se fortalecido.

As epístolas

O resto do Novo Testamento é ocupado, em sua maior parte, pelas chamadas epístolas – cartas enviadas em nome de vários líderes cristãos às igrejas que iam surgindo em todo o império romano. A maioria é de Paulo – um correspondente inveterado – mas existem também cartas de Tiago, João, Pedro e outros. A intenção das cartas era orientar, admoestar, controlar, ensinar e incentivar estes grupos de novos cristãos em sua fé. Selecionei três passagens bem conhecidas das cartas de Paulo (às igrejas de Roma, de Corinto e de Filipos) e uma passagem das cartas de Pedro e outra das cartas de João.

Romanos 8,31-39

"Nada nos pode separar do amor de Deus"

O que diremos, pois? Se Deus é por nós, quem será contra nós? Aquele que não poupou o próprio Filho, mas o entregou por todos nós, como não nos dará também com ele todas as coisas? Quem acusará os escolhidos de Deus? Deus, que os justifica? Quem os condenará? Cristo Jesus, que morreu ou, antes, que ressuscitou, e que está à direita de Deus intercedendo por nós? Quem nos separará do amor de Cristo? O sofrimento, a angústia, a perseguição, a fome, a nudez, o perigo, a espada? Realmente está escrito: *Por tua causa somos entregues à morte todo o dia, fomos considerados como ovelhas destinadas ao matadouro.*

Mas, em tudo isso vencemos por aquele que nos amou. Pois estou persuadido de que nem a morte, nem a vida, nem os anjos, nem os poderes celestiais, nem o presente, nem o futuro, nem as forças cósmicas, nem a altura, nem a profundeza, nenhuma outra criatura poderá separar-nos do amor de Deus manifestado em Jesus Cristo, nosso Senhor.

1Coríntios 13,1-13

O amor nunca acaba

Se eu falar as línguas de homens e anjos, mas não tiver amor, sou como bronze que soa ou tímpano que retine. E se eu possuir o dom da profecia, conhecer todos os mistérios e toda a ciência e tiver tanta fé que chegue a transportar montanhas, mas não tiver amor, nada sou. E se eu repartir todos os meus bens entre os pobres e entregar meu corpo ao fogo, mas não tiver amor, nada disso me aproveita.

O amor é paciente, o amor é benigno, não é invejoso; o amor não é orgulhoso, não se envaidece; não é descortês, não é interesseiro, não se irrita, não guarda rancor; não se alegra com a injustiça, mas regozija-se com a verdade; tudo desculpa, tudo crê, tudo espera, tudo suporta.

O amor jamais acaba; as profecias terão fim; as línguas emudecerão; a ciência terminará. Pois o nosso conhecimento é parcial, como parcial é a nossa profecia. Mas quando chegar a perfeição, desaparecerá o que era parcial. Quando era criança, falava como criança, pensava como criança, raciocinava como criança; mas quando me tornei homem, abandonei as coisas de criança. No presente vemos por um espelho e obscuramente; então veremos face a face. No presente conheço só em parte; então conhecerei como sou conhecido.

No presente permanecem estas três coisas: fé, esperança e amor; mas a maior delas é o amor.

Filipenses 2,5-11

Pensar como Cristo

Tende em vós os mesmos sentimentos de Cristo Jesus: Ele, subsistindo na condição de Deus, não se apegou à sua igualdade com Deus. Mas esvaziou-se a si mesmo, assumindo a condição de escravo, tornando-se solidário com os seres humanos. E, apresentando-se como simples homem, humilhou-se, feito obediente até a morte, até a morte numa cruz. Foi por isso que Deus o exaltou e lhe deu o Nome que está acima de todo nome. Para que ao nome de Jesus se dobre todo joelho de quantos há no céu, na terra, nos abismos, e toda língua proclame, para glória de Deus Pai, que Jesus Cristo é Senhor.

1Pedro 1,3-9

Nova vida, nova esperança, nova alegria

Bendito seja o Deus e Pai de nosso Senhor Jesus Cristo, que, em sua grande misericórdia, nos gerou de novo para uma viva esperança, pela ressurreição de Jesus Cristo dos mortos, para uma herança que não se corrompe, é sem mancha e não murcha, reservada nos céus para vós. Em vista da fé sois guardados pelo poder de Deus para a salvação, prestes a manifestar-se nos últimos tempos. Isto é motivo de alegria para vós, apesar de serdes agora afligidos, por pouco tempo, com diversas provações, para que a autenticidade de vossa fé, mais preciosa do que o ouro perecível, mesmo purificado pelo fogo, alcance louvor, glória e honra, na revelação de Jesus Cristo. Sem o terdes visto, vós o amais. Sem o verdes agora, acreditais nele. Isto será para vós fonte de alegria inefável e gloriosa, pois estais alcançando a meta de vossa fé, a vossa salvação.

1João 4,7-21

Deus é amor

Caríssimos, amemo-nos uns aos outros, porque o amor vem de Deus, e quem ama nasceu de Deus e conhece a Deus. Quem não ama não conheceu a Deus, porque Deus é amor. Foi assim que se manifestou o amor de Deus para conosco:

Deus enviou ao mundo seu Filho unigênito, para que tenhamos a vida por meio dele. Nisto consiste o amor: não fomos nós que amamos a Deus, mas foi ele que nos amou e enviou o seu Filho para pagar pelos nossos pecados.

Caríssimos, se Deus nos amou assim, também nós devemos amar-nos uns aos outros. Ninguém jamais viu a Deus. Se nos amarmos uns aos outros, Deus permanece conosco e seu amor é perfeito em nós. Sabemos que estamos nele e ele em nós, porque ele nos deu o seu Espírito. Nós vimos e testemunhamos que o Pai enviou seu Filho como Salvador do mundo. Todo aquele que proclama que Jesus é o Filho de Deus, Deus permanece nele, e ele em Deus. Nós conhecemos o amor que Deus tem por nós, e nele acreditamos. Deus é amor, e quem permanece no amor permanece em Deus, e Deus nele.

Nisto consiste a perfeição do amor em nós: que tenhamos plena confiança no dia do julgamento. Pois assim como ele é, assim também somos nós neste mundo. No amor não há temor, pois o amor perfeito joga fora o temor. Temor supõe castigo, e quem teme não é perfeito no amor.

Nós o amamos, porque ele nos amou primeiro. Se alguém disser: "Amo a Deus", mas odiar o seu irmão, é mentiroso. Pois quem não ama o seu irmão, a quem vê, não pode amar a Deus, a quem não vê. Recebemos dele este mandamento: quem ama a Deus ame também o seu irmão.

Apocalipse

A Bíblia termina com uma notável série de visões dadas a um homem chamado João na ilha de Patmos, enquanto ele estava "em êxtase": seu gênero literário é chamado "apocalíptico", que significa "descoberto" ou "revelado" – uma espécie de mensagem cifrada para os iniciados. Embora este livro tenha sido um campo de caça propício para excêntricos e trituradores de números, sua mensagem fundamental está de acordo com toda a história da Bíblia. Aconteça o que acontecer, ocorra qualquer desgraça ou perseguição, Deus ainda está "no comando" e um dia cumprir-se-ão seus objetivos de justiça e amor. Nosso extrato é tomado do final do livro – uma maravilhosa visão da Cidade de Deus.

Apocalipse 21,1-7

Uma visão do céu

Vi então um novo céu e uma nova terra, porque o primeiro céu e a primeira terra haviam desaparecido, e o mar já não existia. Vi a cidade santa, a nova Jerusalém, que descia do céu, de junto de Deus, formosa como a esposa que se enfeitou para o esposo. Ouvi uma voz forte que saía do trono e dizia: "Esta é a tenda de Deus entre os homens. Ele vai morar com eles. Eles serão o seu povo, e o próprio Deus-com-eles será o seu Deus. Enxugará as lágrimas de seus olhos e a morte já não existirá. Não haverá mais luto, nem pranto, nem dor, porque tudo isso já passou".

E aquele que estava sentado no trono disse: "Agora faço novas todas as coisas". E acrescentou: "Escreve, porque estas palavras são dignas de fé e verdadeiras". Disse-me, então: "Está feito. Eu sou o Alfa e o Ômega, o Princípio e o Fim. A quem tiver sede, darei gratuitamente da fonte da água da vida. Quem vencer herdará estas coisas. Serei o seu Deus, e eles serão o meu povo.

Palavra final

Portanto, A Bíblia em pequenos goles *termina com uma visão de bem-aventurança perfeita – paz, harmonia, alegria e satisfação numa nova sociedade, na qual Deus e a humanidade podem viver juntos em perfeita unidade de mente e de coração. Assim, no final da história bíblica, a tragédia da rebelião ocorrida no jardim do Éden é anulada. Homens e mulheres voltam ao "jardim de delícias". O pecado e a deficiência foram perdoados através da morte de Jesus, o "Cordeiro de Deus". Aquele que fez "novas" todas as coisas na criação original repetiu novamente o feito! Existe um mundo novo, uma nova esperança e um novo modo de viver.*